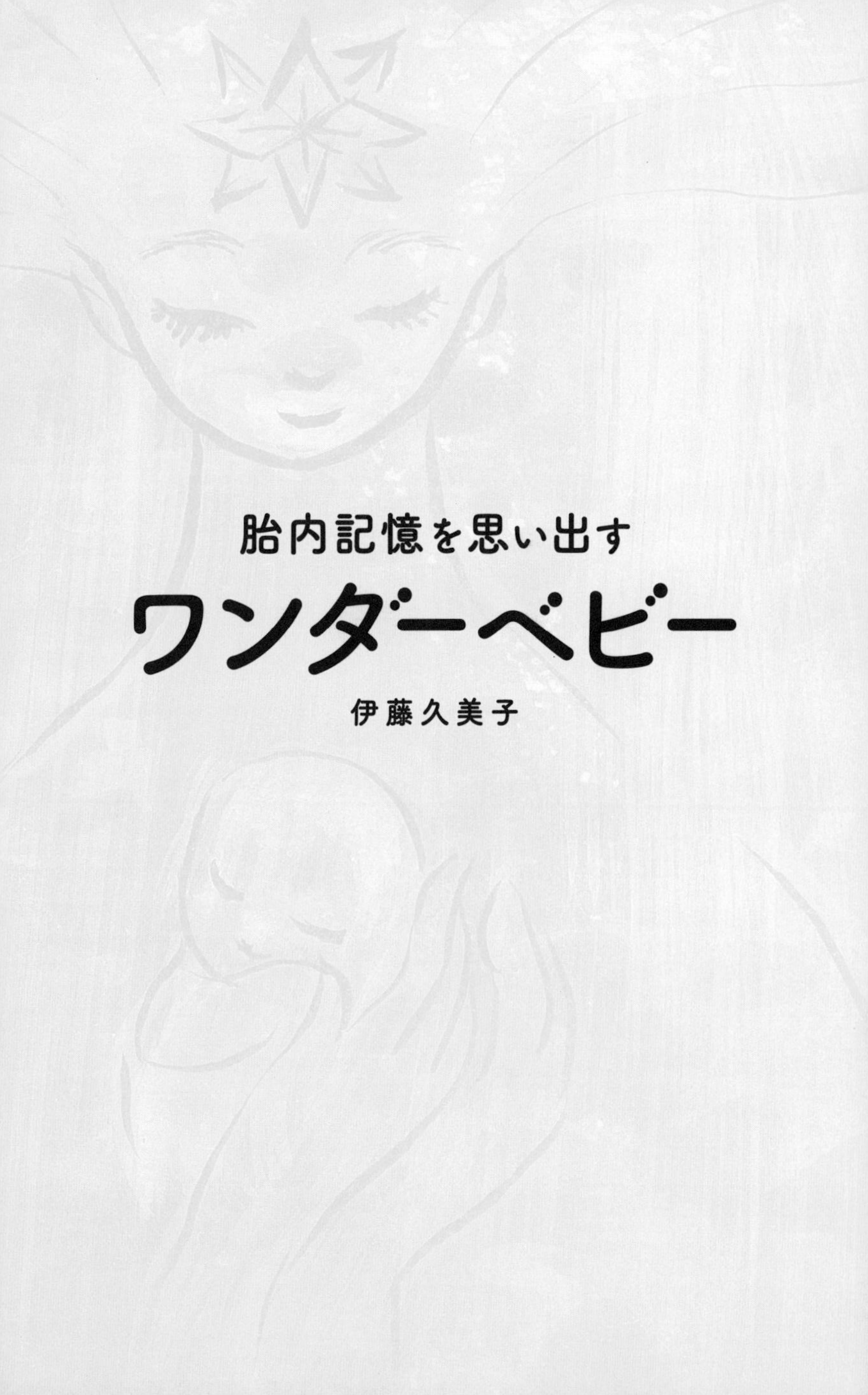

胎内記憶を思い出す

ワンダーベビー

伊藤久美子

はじめに

みなさん1人ひとりが、人生の設計図を携えて生まれてきている。

そう聞いて、あなたはどう思いますか？

この本は、**誰もが自身の胎内記憶とつながることで、人生の設計図にアクセスして生まれてきた人生の目的を導き出せる**、ということをお伝えするために作りました。

〝胎内記憶〟という言葉を聞いたことがあるという人は多いと思います。

字のごとく、私たちがこの世に産声をあげる前、お母さんの胎内にいた頃の記憶です。

その記憶をひも解くことで人生の設計図が明らかになり、生まれてきた人生の目的を知ることができるのです。

そう聞いて、

「あかちゃんとして世に誕生する前の記憶なんて、あるわけないのでは」

「そんな記憶があるのは特別な能力のある人」

「生まれてきた目的を胎内ですでに持っているなんて信じられない」

などと思われるかもしれませんね。


たいていの場合、人の記憶が残るのは、3～4歳くらいと言われていますよね。

胎内の記憶はないと思われるのは当然のことかもしれません。ですから、信じられないのも無理はありません。

しかし、この世に誕生する前の自分自身の記憶に気づくことができるとしたら、あなたは「気づきたい！　思い出したい！」と願うのではないでしょうか。

生まれてきた自分の人生の目的がわかる方法があるとしたらどうですか？

胎内の記憶につながることで、人生の目的がわかるだけでなく、これからの**人生を切り拓《ひら》いてゆく鍵**を手にすることができるのです。

その、あなたらしい人生に好転してゆく鍵は、**あなたの胎内記憶の中にあります**。

そう言えるのは、私が20年近く、催眠療法（ヒプノセラピー）のセラピストとして、約5000名の方にセッションやワークショップをしてきたことが根底にあります。

これまでの経緯は、第2章で詳しくお話しさせていただきますが、人生を本当の意味で探求しようと、心理学やホリスティック医療などの学びを深めていく中で、母親の胎内の記憶に退行して癒やしと気づきを起こすセラピーを行う頻度が増えていきました。

セラピーを受けたクライアントさんからは、こんな声を多くいただくようになりました。


「何のために生まれてきたのかがわかった」

「この母親と家族のもとに生まれてきた理由をやっと理解できた」

「深い部分から癒やされて、涙が止まらなかった」

「ここから先の人生の進むべき方向が見えてきた」


なぜ胎内にさかのぼることで、癒やしが起こり、生まれてきた目的がわかるのでしょうか。

まず、胎内では、想像以上にお母さんからの大きな愛に包まれていることに気づくことができます。そして、お母さんのストレスや感情をダイレクトに感じて同調している自分自身に気づかれる方々も、多くいらっしゃいます。

誰もが経験する〝いのちのはじまり〟の時期のストレスが、その後の私たちの人生に大きく影響を与えていることが多いのです。

胎内記憶にアクセスするセラピーによって気づくことができると、自然と深い癒やしが起こります。さらに、何のために生まれようとしているのかを、胎内のあかちゃんの意識は知っています。なぜ知っているかというと、胎内のあかちゃんは、大まかな人生の設計図を描いてきているからです。そのことを、数々のセッションを通して気づいていきました。

胎内にいるあかちゃんが人生を教えてくれるなんて、なんて素晴らしいことでしょう！
そんな思いから、独自のセラピーによって、たくさんの方のサポートをさせていただき、講演やセミナーを開催し、スクールを主宰してきました。

いのち誕生の奇跡と大切さを伝える活動に関わる中で、胎内記憶の第一人者である産婦人科医池川明先生との出会いがありました。

池川先生とは、講演会でご一緒したり、私が主催しているセミナーや、他の機会にも、私が考案した胎内記憶へ誘導するグループワークを何回も体験していただいています。

池川先生からは、他に類をみない個性的な活動をしていることに関心を持っていただきました。そんなことから、学会で学術発表をおすすめいただくことになったのです。

そして、２０２２年日本催眠学会にて、胎内記憶を活用したセラピー事例をもとに学術発表をすることができました。その後、論文執筆もさせていただく流れになったのです。

はじめての論文執筆に取り組んで、締め切りまで2週間を切ったある夜のこと、ＰＣを開き原稿に向き合っていると、お腹の辺りに不思議な違和感がありました。

「なんだろう?」と思っていると、お腹の辺りから何かが出たり入ったりしているような感覚があります。

すると、金色に光り輝く「あかちゃん」のようなエネルギー体が現れたのです！　現れたというより、そのように〝感じ〟とりました。
今思えば、それは、まるで誕生の瞬間でした。

そして、そのあかちゃんのようなエネルギーから、こう伝わってきました。

「わたしはワンダーベビー。
想像をはるかに超えた素晴らしい存在」

美しく金色に光り輝くワンダーベビーの登場に驚きながらも、いのちの誕生とばかりに深い感動が湧いてきました。

「ワンダーベビーは、胎内記憶を持ち人生の設計図を持っている存在なのだ！」

象徴的にわかりやすく現れてくれたのでしょう。

ワンダーベビーのことを伝えていくお役目をいただいたのだ、と直感を得ました。

そう気づくと同時に、まずは「ワンダーベビー」を執筆中の論文に入れる必要があると感じたのです。そこからワンダーベビーの定義を作り、論文の中の「胎児」という表現をすべて「ワンダーベビー」に変更し、こうしてワンダーベビーが誕生しました。

まるで、物語のような話ではありますが、本当に起きたことなのです。

胎内記憶の概念を活用したワンダーベビーの事例を、日本とアメリカの学会で発表することができました。そして、論文執筆の機会もいただき学会誌に掲載されました。

その中で、これまで独自に行ってきたセラピーを「**胎内記憶療法　ワンダーベビーセラピー**」

と命名しました。

胎内記憶を活用した事例の発表は、日本にも海外にもまだ誰もいないということがわかりました。おかげさまで、世界で初めて、胎内記憶を活用した事例の論文を発表させていただいたことになります。

私たちはお母さんの胎内に着床する前から、すでに尊重される人格を持っています。

しかも、その尊重される人格であるワンダーベビーは、人生の設計図を携えているのです。

これは、特別な能力がある人だけの話ではありません。

人は誰もがお母さんのお腹から生まれているわけですから、誰もが胎内にいたことがあり、ワンダーベビーだったのです。胎内での記憶を思い出しイメージすることで、ご自身のワンダーベビーをよみがえらせることができます。

このことは、胎内期の意識につながるワンダーベビーセラピーを行うことで出てきた、たくさんの事例が物語っています。

本書では、胎内記憶について、ワンダーベビーが教えてくれること、さらに実際に数々のセッションを通してワンダーベビーセラピーの可能性をお伝えしています。

また、ワンダーベビーセラピーによって癒やしが起こり、人生が好転された20名の方々（うち8名は実名）の事例もご紹介させていただきます。

さらに特典として、胎内記憶を思い出すことでワンダーベビーとつながり、生まれてきた目的を思い出すためのセルフワークをご用意しました。今回、本特典のために制作した愛の周波数の癒やしの音源と伊藤久美子の「ヒーリングヴォイス誘導」の音声付きで特別にお届けいたします。

私たち1人ひとりが、ワンダーベビーの存在を知りつながることで、生きる目的や希望を思い出すことができます。そうすることで、それぞれの人生設計に沿って、生まれてきた目的に向かいながら、今回の人生を思い切り楽しむことができるでしょう。

あなたらしく人生を切り拓いてゆく鍵は、胎内記憶の中にあります。

そこをみずから開いていくのが、あなたの中に確実に存在しているワンダーベビーです。

あなたも、ご自身のワンダーベビーに出会ってみませんか？

ワンダーベビーは、あなたが生まれてきた目的のパートナーとして、最高の人生へと導いてくれることでしょう。

伊藤久美子

目次

はじめに …… 2

第1章 胎内記憶は人生の初期設定 …… 17

自分探しが終わります …… 18
ワンダーベビーとワンダーベビーセラピー、ワンダーベビーメソッド …… 22
胎内記憶とは …… 32
胎内で感じる母親の大きな愛 …… 34
自己肯定感を上げることはやめよう …… 40
インナーチャイルドより過去に感情は植え込まれている …… 47
ワンダーベビーは今回の人生の設計図を携えている …… 59

1ミリ未満でも個性がある……67
激動のこの時代を望んで生まれてきたあなたは勇者……73

第2章 生まれてきた目的を思い出す……79

病弱な母親のもと描いた理想の女性像……80
不運な事故から自己探求への目覚め……82
宇宙意識の本との出会いから道が拓ける……87
子どもたちが導いてくれたセラピストへの道……93
空想も祈りも、現実になる……98
初めての学会発表に向けて……103
真心のとびらが開いて、「ワンダーベビー」誕生！……105

第3章 ワンダーベビーは生まれてきた目的のパートナー

第3章 ワンダーベビーは生まれてきた目的のパートナー …… 111
胎内退行療法から、胎内記憶療法へ …… 112
ワンダーベビーの意識について …… 125
親子の意味をひも解く胎内記憶 …… 132
生きづらさの大元とは？ …… 147
ワンダーベビーセラピーの恩恵は3パターン …… 150
ワンダーベビーが世界へ羽ばたく！ 日本発信「ワンダーベビーセラピー」 …… 165
ワンダーベビーはあなたの生まれてきた目的のパートナー …… 166

第4章 楽園地球はあなたの中に

第4章 楽園地球はあなたの中に …… 173
未来記憶をひも解く …… 174

人生の設計図は描き換え可能？……186
未来を生きる子どもたちの生まれてきた目的……189
同じ想いの人たちとつながっていく時……204

【特典】生まれてきた目的を思い出したいあなたへ贈る8ステップ……209

おわりに……220

第1章

胎内記憶は
人生の初期設定

自分探しが終わります

あなたは「本当の自分」を見つけようとしていますか？
自分らしさを探し求めて、いろいろな情報を得ようと頑張ったり、どこかに自分らしさのヒントがあるはずだと思っている方もいるかもしれません。

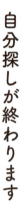

情報があふれかえる現代、「本当の自分とはどんな存在なのだろう」「どんな目的を持って生まれてきたのだろう」と、誰もが一度は疑問に思ったことがあるのではないでしょうか。
中には、人生の長い時間、生涯をかけて探求してきたという人もいると思います。

私のもとにセッションを受けに来られる方の多くは、「私は何のために生まれてきたのだろう」との疑問の答えを求めていらっしゃいます。たとえば、今の仕事にものすごく違和感を感じている、または確執がある親との関係に悩み、「なぜこの家族のもとに生まれたのだろう」と思われる方も多く見受けられます。

「自分は何のために生まれてきたのだろう」

その答えを、これまで、外側の世界に求めてきませんでしたか？

確信となる答えを求めて、さらには憧れの対象となる人物や人生を見つけては、理想的な人生を手にするために、終わりなき追求を、今なおしている方も多くいます。かくいう私も、そんな時期がありました。

しかし、本当の自分とは、**自分の内側**に存在しています。つまり、外ではなく、自分自身の内側にこそ、「本当の自分とは何か」の答えがあるということです。

自分の内側の世界に、本当の自分の姿を求める方法はいくつもあります。たとえば、瞑想《めいそう》や内観などもその1つと言えるでしょう。

私が長年ずっとたずさわってきた、ヒプノセラピー（第3章参照）もそうです。

そして、「ワンダーベビーセラピー」も……。

「ワンダーベビー」とは、母親の体に宿る前の時期から尊重される人格を持っているあかちゃんのことです。

胎内、そしてあなたの中で今も存在しています。

〝ベビー〟とあるので、〝あかちゃん〟のイメージが強いのですが、ワンダーベビーは、自分の内側の世界で最初に存在した意識そのもののこと、つまり**自分の内側の純粋意識**とも言えます。

あなたの内側の世界をさかのぼれば、確実に実在した〝我〟に出会うことができ、しかもその意識こそあなたの**最初の意識**であるということは、あなたが探し求めていたことの答えを持っていると思うのです。

もしあなたが人生のある場面でつまずいて、落ち込んだり苦しんだり悩んでいたりするとします。またはこれからの人生の道中、病気や事故に直面するかもしれません。

その出来事が起きた意味をひも解いてくれる存在が、あなたの内側にあるとしたらどうでしょう。もうこれ以上、外側の世界に答えを求める必要はなくなるのではないでしょうか。

それに気づくことができると、自分探しが終わるのです。

あなたの答えはあなたの内側にある。「あなたの内側」とは、あなたの「細胞」の中にあるとも言うことができます。

なぜなら、あなたが胎内に着床した最初の意識そのものが、答えを持っているからです。

あなたは今回の人生で、この地球に生まれることをみずから選び、日本を選び、時期を選び、母親を選び、個性を選び、才能を選び、生まれています。

その選んできた理由を、あなたの内側の最初の意識である、ワンダーベビーこそが知っているのです。

ではこれから「ワンダーベビー」について、詳しく説明していきます。

ワンダーベビーとワンダーベビーセラピー、ワンダーベビーメソッド

ワンダーベビーとは、「はじめに」でもお伝えしたように、私の初めての論文執筆中に、美

しく金色に光り輝いて現れた、あかちゃんの意識のことで、1人ひとりの内側に存在します。

【ワンダーベビーについて】

ワンダーベビーとは、

「**母親の体に宿る前の意識体の時から、大まかな人生の設計図を描き、みずから親を選び、胎内で育《はぐく》まれ生まれるプロセスを経験していく〝尊重される人格を持っているあかちゃん〟**」

と定義しました。

そして、ワンダーベビーのことを〝**想像をはるかに超えた素晴らしい存在**〟と受け入れることで、人生のスーパーバイザーのようになるのです。

私はワンダーベビーを対象に行う「ワンダーベビーセラピー」を開発し、セラピーを行っていますが、これまでのセラピーをはるかに超えて、人生が好転していかれる方々が多いのです。中には、「長年の心のシコリはなんだったのだろう！」と思えるほど、あっさりと変化していかれる方さえいます。

母胎に入る前の意識体のワンダーベビーが、お母さんを探しているケースや、今回は生まれないことを選び、流産していったワンダーベビーとつながってセラピーをしていくこともあります。

【ワンダーベビーセラピーについて】

まずは、ワンダーベビーセラピーと、一般的な「胎児期退行セラピー」との違いを説明しましょう。

胎児期退行セラピーでは、**胎児を対象**にセラピーを行います。胎内で感じた負の感情やストレスを解放していくことが多いように思います。

ワンダーベビーセラピーでは、セラピーの**対象がワンダーベビー**であることが、まずは大きな違いです。**ワンダーベビーは「胎内記憶」を持っています**。

胎内記憶とは、母親の胎内にいた頃の記憶のことです（胎内記憶のことについては、次に詳しく説明します）。

生まれてきた人生の目的を知っていることを前提に、人生の大まかな設計図を描いてきているワンダーベビーを対象にセラピーを進めていくのが、ワンダーベビーセラピーです。

つまり、ワンダーベビーを対象にすることで、過去・現在・未来も含め時間軸を超えて、人生全体、つまり未来へも影響を与えるセラピーを行うことができるのです。

では、**ワンダーベビーセラピーの方法**を簡単に説明させていただきますね。

まずは、テーマに沿って丁寧な事前カウンセリングを行っていきます。

次に、セラピストの言葉による心身へのリラクゼーション誘導を行い、ゆったりとリラックスして、潜在意識という心の中の深い意識につながるように進めていきます。

そこからワンダーベビーにつながっていきます。そして、さまざまな独自の手法を使って、今をよりよく生きてゆくためのセラピーになるように進めていきます。

もちろん、ワンダーベビーが魔法の杖《つえ》を持っているわけではありません。セラピーを受けられる方が、ご自身の中からメッセージを受け取りやすいように、セラピストは細やかな心配りでサポートをさせていただいています。

このようなセラピーには、向き不向きもあると思います。関心はあるけれども、誰もが簡単にワンダーベビーにつながり、胎内記憶を思い出せるのか、と疑問に思う方もいることでしょう。

初めての体験で、すぐにワンダーベビーにつながり、記憶をスルスルひも解く方もいれば、数回のセラピーの中でゆっくり時間をかけながら、薄紙をはぐように変化していかれる方もいらっしゃいます。

その方それぞれの感じ方、受け取り方、進み方でいいのです。ご自身にふさわしい必要な癒やしや答えを、みずから受け取っていかれますから、まずは体験してみることをおすすめしています。

【ワンダーベビーメソッドについて】

私は、心身の癒やしのためにワンダーベビーセラピーを開発しました。そして、同時にワンダーベビーは、人生のどんな場面にも有効活用していくことができることに気づいていったのです。

困っている時、悩んでいる時、不安な時はもちろんのこと、これから人生を楽しみながら現実創造していく時に、ワンダーベビーは、夢や希望、望んでいるビジョンの実現のために「生まれてきた目的のパートナー」として、大活躍してくれるのです。

さらにワンダーベビーの概念を、人生全般に役立ててゆく方法「**ワンダーベビーメソッド**」として考案しました。

これから、ご縁をいただくみなさまに「ワンダーベビーメソッド」をお伝えできることを心から楽しみにしています。

そして、あなたらしい最高の人生をどんどん開花していってください。

今では、ワンダーベビーの可能性を感じる方々から、「セラピーができるようになりたい」とのご希望の声もいただくようになり、ワンダーベビーセラピストの育成もしています。

本書の事例の中に、ワンダーベビーセラピストが実際に行ったセラピーも載せていますので、ぜひお読みいただきたいと思います。

CASE
いつも周りに気を配り自分を後回しにするのは胎内期からのクセだった！

Iさん（アロマセラピスト）

知人のご紹介で、ワンダーベビーセラピーを受けられたIさん。いつも周りに優しい代わりに、自分自身には厳しくなってしまい疲れてしまう、そしていつも自分を後回しにしてしまい、我慢してしまうクセをどうにかしたいというご相談内容でした。

最近は、「自分軸を持ちなさい」とよく見聞きするため、いろいろチャレンジを重ねたものの変化は見られず、自分軸を持てるようになりたいという希望を持っていました。

インナーチャイルドセラピー（インナーチャイルドについてはP47参照）も受けてはみたものの、変化はなかったということから、ワンダーベビーセラピーを受けることにされたのだそうです。

そして、お母さんの胎内へ退行すると、3か月のあかちゃんの自分でした。お腹の中では、お母さんの大きな愛を感じることができたといいます。あたたかくて気持ちよくて、念願叶《かな》ってお母さんのもとにこれた幸せが伝わってきたのですが、あかちゃんである自分の体が緊張していてムリをしているようだと伝えてくれました。

どうしても今回は生まれたいので、ムリを承知で頑張って耐えているのだそうです。

お母さんは、2回の流産を繰り返して自信をなくしていたので、どうにかちゃんと生まれてあげたい！と、Iさん自身が頑張っている気持ちを伝えてくれました。

自営業のお母さんは、朝から夜遅くまで働いていて大変な状況だったので、お腹の中からエネルギーを送ってあげているワンダーベビーは、とても健気な存在に感じました。

そして、その姿は今のIさんとそっくり……。

お母さんの意識を感じてみると、お腹のあかちゃんが生まれてきてくれることは嬉《うれ》しいのだけれど、思いやるゆとりがない、と悲しそうでした。

そこで、エネルギーが循環しはじめると、ワンダーベビーの体がゆるんでいきました。

お母さんの気持ちをお腹の中からすでに感じていて、応援していたワンダーベビー。

なんと優しいのでしょう！

お母さんに元気になってほしくて、笑顔になってほしくて、やってこようと決めたのですね。

そのことに気づいただけでも、Iさんに大きな癒やしが起きました。

胎内記憶とは

今、多くの子どもたちが、生まれる前の記憶を話しはじめています。

胎内記憶の研究の第一人者、池川明先生の著書『胎内記憶　命の起源にトラウマが潜んでいる』の中では、胎内記憶のことを「胚芽から誕生直前の記憶」と分類しています。（文献1）

つまり、**母親の胎内にいた頃の記憶が「胎内記憶」**です。

私がワンダーベビーセラピーでアクセスしている先も、この記憶です。胎内で感じ取った大きな愛を思い出し、ストレスや感情を手放して癒やし、再構築していきます。母親の体に宿る前の意識にアクセスしてセラピーを進める場合もあります。

ちなみに、日本では、数え年と満年齢の解釈があります。

数え年の場合、母親の妊娠期間中（十月十日《とつきとおか》）からいのちを宿すというとらえ方のもと、生まれた日で1歳とします。

満年齢の場合は、生まれた段階を0歳として、誕生日が来るたびに1歳ずつ歳が増えます。

お隣の韓国では2023年まで、数え年で年齢をカウントしていました。現代の日本人には、満年齢の数え方が一般的ですよね。


では、胎内記憶の概念からとらえるといかがでしょうか。胎内期はすでに個性を有する「いのち」ですから、生まれた時を1歳とする数え年のほうが、しっくりくると、私は思っています。

かつては日本でも、数え年で数えていました。

胎内で感じる母親の大きな愛

胎内に退行して、多くの方々が最も感動されるのは、胎内で感じ取るお母さんの大きな愛に包まれていたと思い出すことです。愛の波動を全身全霊で受け取ると、感動の涙がわ～っとあふれます。

たとえば、今現在、ギクシャクした関係の母子だとしても、胎内で感じ取るお母さんの優しさや慈しみ、あたたかさは、想像していたよりも桁違いに大きいのです。

この体感を得られると、不思議なほどに現実の親子関係がグンと良くなります。実際、セッション後に起きた変化のご報告が後を絶ちません。

へその緒を通して運ばれてくる栄養や酸素のありがたさ、子宮の中であたたかく守られている安心感は、「人生のどんな場面でも体験したことのない深い愛でした」とおっしゃる方々も多くいます。

お母さんが、一生懸命お腹の子どもを守っている感覚や、忙しい中でも声をかけたり、お腹をさすってくれたりすると想像以上に嬉しく思い、ワンダーベビーからもお母さんに愛のパワーを送り返しています。

母と子の愛の交流は、なんとも美しいものです。

また、お母さんを通して宇宙の根源的な愛を感じ取られ、涙があふれてきたという方もいます。

トマス・バーニー博士は、著書『胎児は見ている』の中で、胎児にとって母親の愛情は一番大切なものだから、胎児が母親の愛情を感じ取れば、自分の周りに一種の「防護壁」ができて、外部のストレスから受ける衝撃が和らぐか、場合によっては中和される、と記述しています（文献2）。

どんな環境や状況の中でも、一緒につながり合えていることの心強さ。これは、胎内期も、子育て期も、大人になってからのコミュニケーションにおいても同じですね。

人と人が関わり合う原点に、「愛」「思いやり」「慈しみ」があれば、心は落ち着き、安心感の中にいることができます。

私自身も体験したことですが、初めての妊娠は喜びと不安が入り混じる不思議な感覚でした。変化してゆく体に戸惑いながらも、これまで感じたことのない、信じられないくらい大きな愛が、内側からあふれてきたのです。これこそが「母性」なのだと気づきました。

とても不思議でしたし、こんなに大きな愛が自分の内側にあったのか！と、すごく驚いたものです。

自身の未熟さゆえ思い通りにいかない子育ては、自分を責めて、きれいごとでは済まされない葛藤の日々でもありました。

「初めて妊娠して、初めて母になり、何もかも初めての経験、初めての子育てを、自分のことは後回しにして、未熟なりにも一生懸命に頑張ってきました」

多くの方が、このように思ったのではないでしょうか。

あなたがお母さんならあなたも、そして、あなたのお母さんも。

ここで、雑誌『アネモネ』で女神画が掲載されるなどご活躍の、粉砕した水晶を画材に使って女神画を描く、画家の青山京古さんの体験談をご紹介します。

CASE

お母さんの喜びと宇宙の祝福を感じて涙があふれた体験

青山京古さん（女神画アーティスト）

お母さんの胎内に入ったとたん、京古さんは涙があふれて言葉になりませんでした。

深い意識に入ると、根源的なもともと持っているエネルギーと、お母さんのお腹の中、そしてそこからつながっていく宇宙へと、ラインがすっきりつながった感じで、本当の自分の力強い魂が戻ってきたと感じたといいます。

お母さんのお腹に戻ったその感覚を味わえただけで、言葉にならない感動で涙があふれてきたようです。

セッションの感想をこう語られています。

「母の喜び、宇宙の祝福をリアルに体感し、すべての答えがそこにありました。

このセラピーはただのヒプノセラピーではなく、自分と一番密着したこの世に生まれてきた時の大元に、しっかりコネクトできるパワーを感じました。

胎内に戻った感覚は、いつも共にあって、愛と祝福に満ちた作品が生まれています」

❀ ❀ ❀

本書のカバー表紙を飾っている素敵な母子のアートは、京古さんの作品です。初めて見た時、直感で「この絵が欲しい！」と思いました。今回、本の表紙になるとは、その時は思っていなかったので不思議ですね。

この絵のタイトルは、「mother of love」。まさにピッタリです。

自己肯定感を上げることはやめよう

「自己肯定感」とはもはや、心理の世界のみならず、多くの方が認知している言葉だと思います。あなたも、自己肯定感が高い・低いと、認識したり、表現されているかもしれません。

しかし、本来私たちは誰しも、**自己肯定感がそもそも高い存在**です。

私たちは、胎内からこの世へ生まれ出るとき、自己肯定感に満ち満ちた存在として生まれています。

小さい子どもたちは、自分自身がまるで英雄やお姫様でもあるかのように振る舞いますよね。ふざけて演技しているわけではなく、真剣にそう振る舞っています。

「自分はこのままで最高に価値がある存在。あたりまえに愛されているんだ」

自分のことをそう認識している純真無垢《むく》な子どもたちは、大人よりもはるかに自己信頼が大きく、自己肯定感の塊のような存在です。

今の自分では自分を肯定できないという人も、もともとは最高潮の自己肯定感そのものだったのです。

私はヒプノセラピーを行うにあたり、転生による生まれ変わりを繰り返すことで、魂を磨いて進化させていく存在こそ、私たちの本質であり本当の姿であるということを、セッションを通して実感してきました。

1つの人生を終えた「いのち」は、しばらくのあいだ、魂の癒やしと休息を経て、次の新しい人生を迎えます。これが、転生の仕組みのようです。

新しい人生を生きよう！と選択した「いのち」は、自己肯定感にあふれています。
次の人生では、どんなことにチャレンジしようか、こんなことを成し遂げよう、こんな大変なことをクリアしたい！と希望を持ち、それらを遂行しやすい環境をみずから選んで生まれているのです。

セッションでは、実際に生まれてくる前の〝お空〟にいるあかちゃんと、妊娠をご希望されている女性をおつなぎするセッションもさせていただいています。
多くの場合、あかちゃんの「いのち」は希望に満ちていてワクワクしているので、早く生まれたいと願っています。そのため、お母さんとおつなぎしたり、女性側のサポートをすることが多いです。

お母さんである女性たちは、自分のお腹に宿った「いのち」を「光」として感じられることも多いです。その「光」の状態こそ、自己肯定感に満ち満ちた、高次元の輝くエネルギーの姿なのでしょう。

つまり、私たちは誰もが、本来、自己肯定感の塊のような存在として、ぴかぴかの「光」として、この地球に降り立った生命なのです。

ですから、もう自己肯定感を上げる必要はありません。

最高潮の自己肯定感であった、本来の「光」の状態を思い出すだけでいいのです。

ここで1つ、事例をご紹介しますね。

CASE

1度は流産したあかちゃんが、「生まれてくるよ」と伝えてくれた

Rさん（会社員）

会社員のRさんは、待望の妊娠をされたのですが、まもなく流産してしまったことをとても後悔されていました。当時は、仕事も忙しく食事も不規則になり、ストレスも多かったそうです。

それから2年経ってもなかなか妊娠しないことに焦る気持ちもあり、もう妊娠しないのではないかと心配していました。

ご主人は、長男ということもあり、跡継ぎを心待ちにしていることもプレッシャーになっていたそうです。そんなケースも、よくありますね。

そこで、セッションの中、流産したあかちゃんの意識につながっていくと、Rさんの肩の

少し上くらいから、ぴかぴかに光っているワンダーベビーが、話しかけてきてくれました。

「そんなに心配しなくてもいいよ。ママのお腹の中をきれいにしたかったんだ！　もう少ししたら生まれてくるからね。いつもそばにいるよ」

そのメッセージに、涙々のRさんでした。

このセッションから、約1年後に妊娠がわかりました。そして、待望の男の子のあかちゃんが生まれたのです。

このRさんの事例のように、少し時間がかかっても約束通りに生まれてきてくれるあかちゃんも多くいます。

ほかにも、「子宮の中に入る経験をしたかったんだ」と、あかちゃんが伝えてきてくれたこともあります。

中には、「まだパパの準備ができていないよ」と伝えてくるケースもありましたし、「もうお空に帰るからね」と答えてくれる場合もありました。

いろいろなケースがあるので、お母さんにとって悲しいことかもしれませんが、すべて自然の摂理の中で、あかちゃん側にも理由があり意志があって起こることのようです。「今回はあかちゃんがそう選んだのだ」と、受容していくことが、一番いいのかもしれませんね。

そして、毎日を明るく生きていく姿を、お空のあかちゃんは、きっと望んでいます。

インナーチャイルドより過去に感情は植え込まれている

私がヒプノセラピーを始めて、約20年が経ちました。はじめの頃は、「インナーチャイルド」の概念に感動して、ヒプノセラピーの世界を深めていきました。

『インナーチャイルド　本当のあなたを取り戻す方法』(ジョン・ブラッドショー著／文献3)では、〝過去の内なる子ども〟(インナーチャイルド)は、人間の精神的苦痛の根源であると述べています。さらに、私たちがそのインナーチャイルドを再生し、擁護しない限り、インナーチャイルドは活動し続け、大人の生活を汚染し続ける、とも書かれています。

インナーチャイルドとは、自分の内に存在する「子ども心・童心・無邪気な心」のこと。私は、

「心と体の元気の源」ととらえています。

日本のことわざで「三つ子の魂百まで」と表現しますが、子ども心は、私たちのその後の人生に大きな影響を与えています。それこそ、先述したように、本来のインナーチャイルドは自己肯定感に満ちあふれ、ワクワクした好奇心の塊です。自分自身を信じる力がとても強く、勇敢な心の持ち主です。

私は、インナーチャイルドは無限の可能性を持っていると感じ、「インナーチャイルドセラピー」をはじめ、年齢退行セラピーや前世療法を行ってきました。

それから、退行セラピーの1つである「胎内退行セラピー」を行う頻度が増えるようになり、人の感情のパターンが、インナーチャイルドよりもっと過去の、つまり「胎内期」にあるケースが多いと気づいていったのです。

ネガティブな感情や心の傷は、幼少期の記憶により植え込まれていることが多いです。

自分が身につけてしまった心のクセは、インナーチャイルドセラピーや前世療法で癒やすことができます。現在行われているヒプノセラピーのメインは、幼少期の癒やしや前世療法が多いように思います。

ヒプノセラピーを行うと、過去の心の傷が癒やされたり、人間関係が改善されて人生が好転していく姿を見ることができることに喜びを感じてきました。

セッションを重ねていくうちに、胎内期につながることで起こる癒やしは、今世の原点の癒やしであること、さらに「人生の初期設定」のリセットになる可能性がある、と確信するようになりました。

それはつまり、ワンダーベビーにつながることによる癒やしです。

では、インナーチャイルドよりもっと過去にある感情プログラムとは、どんなものなのでしょうか。

簡単に言うと、**「胎内期に植え込まれた感情」**のことです。

胎内期に感じてしまったストレスが人生の初期設定になり、フラクタルなパターンを繰り返すことも多くあります。

つまりは、「三つ子の魂百まで」ならぬ、「胎内期の魂百まで」と言えるでしょう。

胎内期は、1つの体に2つの意識が存在する、人生でも唯一無二の期間と言えます。お母さんの胎内に、母親とは別の意識であるあかちゃんが宿る期間ですよね。

この期間に、子宮の中にいるあかちゃんは、母親と全身が密着している状態。母親の感情に包まれた状態と言えると思います。

つまり、お母さんの受ける感覚や感情を、ダイレクトに全身の皮膚感覚で受け取り、羊水を通して伝わっているようです。細胞にまで取り込んでいると言えるでしょう。その環境は、まるで逃げ場のない密閉空間にいるようです。

もちろん、お母さんが子を愛おしいと思う大きな愛や優しさ、そして思いやりは十分に感じています。しかし、反対に母親がストレスを感じているときには、その影響をダイレクトに受けてしまいます。

そのようにして、胎内期にはすでに感情が植え込まれていると思われます。胎内期の感情プログラムによって、生きづらさの原因となっているケースも多く見受けられました。むしろ、インナーチャイルド形成時期(3～6歳)よりも影響が多いケースがあることにも、セッションを通じて気づきました。

胎内期のあかちゃんが母親の影響を受けるだけでなく、逆ももちろんあります。つまり、お母さんが胎内のあかちゃんに影響されることです。

たとえば、妊娠して、つわりが起こるのも、自分とは全く別の意識(エネルギー)が体に入ってきたことで、あかちゃんと自分をチューニングするための現象なのかもしれません。または、妊娠期間に食の好みの変化が起こるのも、あかちゃんの意識とのチューニングの1つなのかもしれませんね。

そのように、胎内期のあかちゃんとお母さんは、相互に影響し合っています。

災害のような大変な場面でも、お母さんはお腹の中の命を守ろうと必死になりますし、胎内のあかちゃんはママをすごく応援して、一緒に乗り越えよう！と、パワーを送っています。お母さんと胎内のあかちゃんのコミュニケーションが取れていたら、大変な状況を乗り越えていけるほどの、ものすごいパワーを発揮できるのです。

ソニーの創業者、故・井深大氏は、幼児開発協会の理事長をされていました。

井深氏は、母親にどんなストレスが与えられようと、母親が「子どものためならどんな危険も覚悟していた」と言えるほどの愛情を持って我が子の誕生を願っていれば、胎児は決し

て致命的な不安や恐怖に陥ることなく、その状況を耐え忍んでいくだろう、という言葉を残されています。（文献4）

ワンダーベビーは、守られるだけの弱者ではありません。ワクワクとした希望とエネルギーに満ちあふれた存在です。そして、お母さんに純粋な愛を贈り続けているのです。

私たち誰もが、胎内期から感情の影響を受けています。

この胎内期の癒やしを行うことで、セッション後に大きく好転されるクライアントさんも多く、私自身、事例が増えるたびに胎内期の癒やしが人生に大きく影響すると、確信に変わっていったのです。

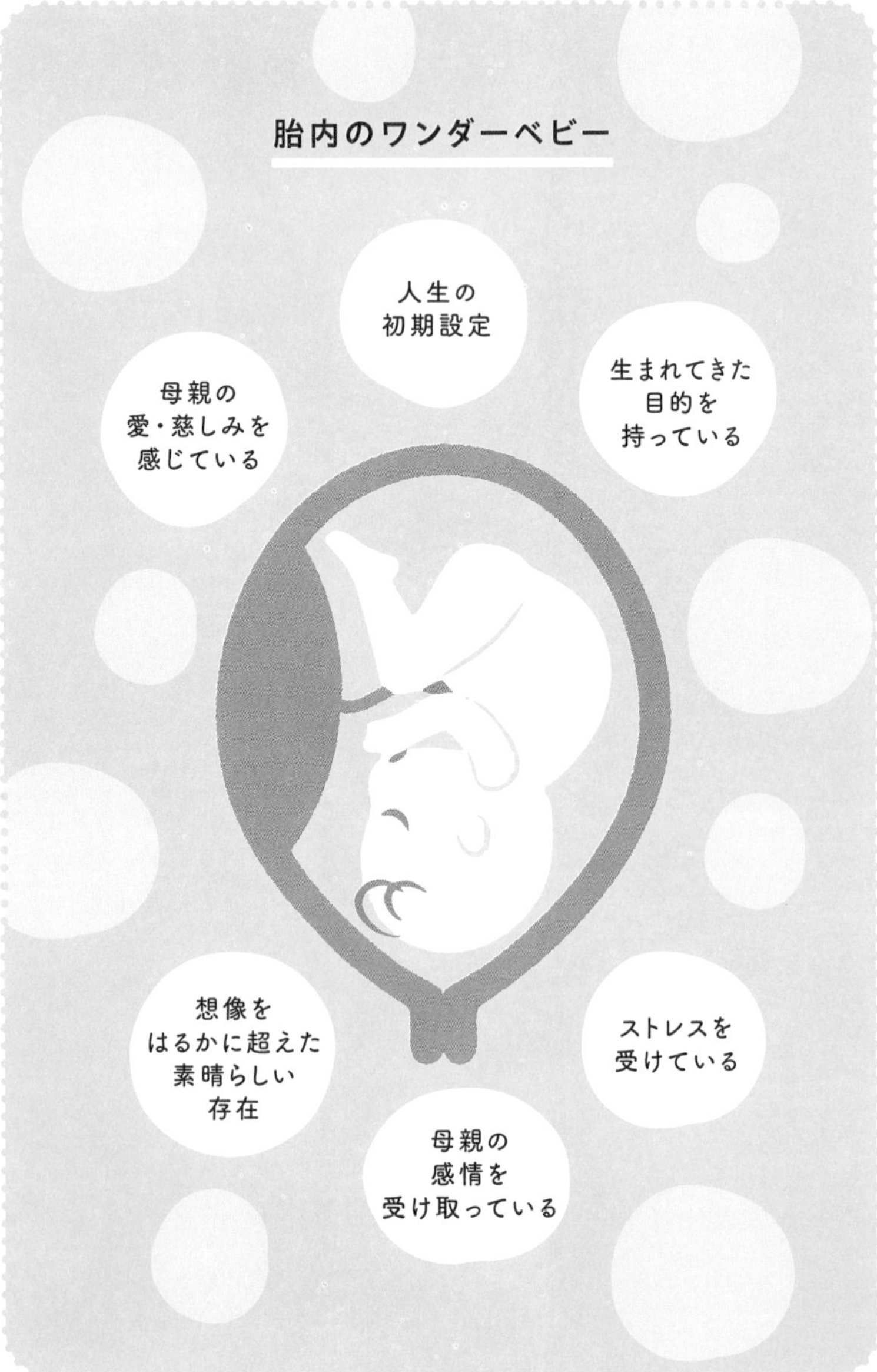
胎内のワンダーベビー
人生の
初期設定
母親の
愛・慈しみを
感じている
生まれてきた
目的を
持っている
想像を
はるかに超えた
素晴らしい
存在
ストレスを
受けている
母親の
感情を
受け取っている

CASE ～公認心理師・ワンダーベビーセラピストによるセッション～

自分の人生を生きたい！と希望の道が開かれた

Nさん（会社員）

虐待のトラウマを抱えた方にワンダーベビーセラピーを行った事例をお話したいと思います。

Nさんは、生まれてすぐに乳児院に入り、10代後半まで養護施設で暮らします。やっと母親のところに戻った時、自宅の環境は劣悪でした。

自分は生きていてはいけないと思ったNさんは自殺念慮が強まり、保護され、施設暮らしが続きます。無償の愛を知りません。信じられる大人を知りません。

Nさんは「愛着障害」でした。施設に来ても、優しくされることが怖くて、反抗したり、ウソをついたり、血の飛び散った絵を描き、私の喉や手に噛みついたり、頭をベッドの縁に叩きつけて自傷行為をし、試し行為を繰り返しました。

ある日、「眠れない、眠れない」と興奮するNさんに、リラクゼーション誘導を行いました。目が覚めた時、体験したことのない心地よさだったことに興味が増し、「セラピーをしてくれ」とせがんできました。幼い自分と大人の自分がいて、どちらの自分が本当なのかわからず、上がったり下がったりの状態で不安でいっぱいだったようです。

ワンダーベビーセラピーでは、「遊んでいるNさん」「見守っているNさん」が出てきて、どちらの自分も自分なのに統合できない不安を感じていました。

なぜ、2人のNさんがいるのかたどっていくと、お母さんのお腹の中に「赤い部分」と「黒い部分」があり、それぞれに母親の「愛情」と「不安」を感じていることがわかりました。

そして、お母さんを選んだ理由が「自分はこの人生で大変なことを経験したいために、この母親をわざと選んだ。自分でこの人生を選んで生まれてきた。大変な分、楽しいから、これから私はすごい人生になる」というものだったのです。

Nさんはセッション後、その時の生まれる前の自分のイメージ画を描いてくれました。

そこからのNさんは大激変です。今までは自分の人生を人のせいにし、投げやりで自分自身を粗末にしていたNさんでしたが、今では「困った人を助けられるようになりたい。私もセラピストになりたい」と、夢と希望を抱くようになったのです。

そして、「私は、生まれ変わりました。ここで私は生まれて巣立っていきます」と言って旅立ち、良心的な方々の出会いとサポートから、ふさわしい職場に出会い、働きはじめ、行き場をなくした子どもたちの施設を作ると言って、今では人脈を広げて頑張っています。

◯ワンダーベビーセラピストの感想

このセッションの体験を経て、私はワンダーベビーが虐待被害を抱えた方たちの立ち直りに大きな影響を与えるのではないかと可能性を感じています。これからの私の活動にワンダーベビーのセッションを活《い》かし、大人にコントロールされ、支配され、自分の人生を見失った方が、自分らしさを取り戻すきっかけにしていければと、期待を膨らませています。

＊＊＊

この事例は、公認心理師でワンダーベビーセラピストによるセッションです。

人生の中で誰に会うかで人生は大きく変わりますから、Nさんは本当にラッキーだったと思います。

ワンダーベビーは今回の人生の設計図を携えている

私たちは、母親の体に宿る前の意識体の時から次の人生をはじめようと決めると、まず、人生の設計図をみずから設定します。

それこそがブループリント、**「今回の人生の設計図」**です。

私たちは、生まれてくる前に、ある程度の大まかな人生設計をしています。

ワンダーベビーセラピーを受けられた方の中には、ご自身の人生の設計図を目撃された方もいらっしゃいます。

胎内記憶がある子どもたちの話の中で、割と一貫している話が、生まれる前に〝お空〟の上で神様（「おじいちゃん」と表現する子が多いですね）と話し合って、今回どんな人生にするかを決めてきたというものです。

まるでファンタジーのようですが、大人の方でも同じような記憶を証言されるケースも多くあります。特にヒプノセラピーでは、「中間世セラピー」といわれる、生まれる前のまだ肉体を持たない世界を探求するセラピーで、人生の設計図を思い出す方々もいらっしゃいます。

どんな人も、今回の人生で魂の成長と進化を遂げるために、設計図を描いて生まれてきています。より進化を希望するためには、困難で難解なテーマを選んで生まれてくるように設定する魂がほとんどのようですね。

ですから、順風満帆な人生が良い人生かというと、魂の視点からするとそうでもないと言えるでしょう。

では、人生の設計図には、どの程度のことを描いているのでしょうか。

これは、ある小学生の男の子のエピソードです。

その子はお風呂から出て、お母さんにバスタオルで体を拭いてもらっていた時、突然、胎内記憶を思い出しました。そして、お母さんにこう言ったそうです。

「僕は、生まれる前にこのバスタオルみたいに大きな白い羽が生えていたんだ。1年生の時に同じクラスだった何人かは、その頃から知っている子だったんだよ。生まれる前に順番待ちをしている時、僕の後ろに並んでいた子たちだったんだ!」

この男の子と同じように、人生のある時期に出会い、同じ環境下で学び合う仲間たちとして、一緒に生まれてきていることを、セッションで思い出して語るクライアントさんも多数います。

私の知人にも、学生の時に向こうから歩いてくる外国人の男性を見た瞬間に、「生まれる前に結婚の約束をしてきた人」とすぐに気づいたという人がいます。驚いたことに、相手の男性も同じように彼女のことがすぐわかったそうです。

2人はその後、予定通り結婚しました。さらに、お嬢さんを妊娠した時も、「約束の子がお腹に入った」と、すぐにわかったそうです。

つまり、出会うように約束してきた魂の仲間たちと、いつ・どこで・どんなことをするのかなども、人生の設計図には大まかに設定されているということなのでしょう。

今回の人生の学びのために、魂の進化のために、厳しい環境を選ぶ場合もあるでしょう。病気という環境を選ぶかもしれません。

もしくは、平坦な人生を選んできた場合は、前世で激動の人生経験を経てきたのかもしれません。今回は穏やかな生涯を送ることで、愛を育み直すために生まれる場合もあります。

そして、この魂の設計図は、確定した一辺倒のものではなく、いくつかのストーリーが選べたり、軌道修正できたりするようです。

誰もが「生まれてきてよかった！」と思える人生を送れることが、ある意味でゴールでしょう。何回も転生して繰り返し地球に生まれていても、魂の思い通りに成し遂げることができず、「今回こそ！」と、意を決してこの時期に生まれている方々は、特に大きな決意をして生まれてきているように思います。

あなたもそうかもしれませんね。

では、一体、何が描かれているのでしょう。どんな人生設計をしているのでしょうか。

それはあなたの**ワンダーベビーが知っています**。

なぜなら、私たちのワンダーベビーこそが、人生の初期設定をして、それが描かれた人生の設計図を携えて、胎内で生まれる日を待っていたのですから。

CASE

ワンダーベビーの導きで宇宙の羅針盤へアクセス!

Sさん(セラピスト)

Sさんは、ワンダーベビーセラピーで、ご自身の宇宙の羅針盤を見に行くことになりました。胎内に退行してゆくと、ワンダーベビーが見せてくれたのです。

そこは、深い藍色《あいいろ》の宇宙空間。星がダイヤモンドのように輝いている宇宙に、羅針盤がありました。それは、Sさん自身の魂に刻まれている記憶であり設計図なのでしょう。その中を見せてくれました。

見えてきたのは、その羅針盤の、1つだけ蛍光色のように赤く発光している部分。その丸く光っているそこが、「今この時点」ということがわかりました。そして、そこが今の時点で、そこから中央に向かって幅が決まっていて、メモリのようなものが今生の人生のようでした。そこにはこれまで見たことがない文字がたくさん刻まれていました。

そのメモリの深いところが「今」でした。

左右には、この人生ではなくて別の人生だったり、次に生まれる人生だったりも、刻まれていました。Sさんの羅針盤の下には、お母様のものもありました。さらにお子さんたちの羅針盤も近くにありました。妹さんやお祖母様のものは、少し遠くにありました。

それらの羅針盤は、1本の太いロープで、ずっと続いてつながっているように見えました。

今の問題やテーマ、つまずきは、大きな羅針盤の点のような部分でした。ワンダーベビーセラピーは、その点のような部分を、まるで精密機械を修理して戻すような作業です。そうするとさらに、自分だけでなく他の羅針盤にも影響を与えてカラフルに輝き出すようになります。

抱えている問題は、羅針盤からするととても小さなことなのだと、Sさんは理解されました。

ワンダーベビーセラピーで、自分を愛でること、そして癒やすことにより、自分の人生を光り輝かせることができます。その光は周りにも連鎖反応のように影響を与えていくことがわかりました。

1ミリ未満でも個性がある

あなたの「いのち」としての最初の意識が、今回の人生の設計図を持って、ワクワクしながらお母さんのもとに〝お空〟からやって来ました。

この時の大きさは、なんと**1ミリにも満たない受精卵**なのです。

こんなに小さかったと想像したことがありましたか？　1ミリにも満たない大きさで、たった1人で新しい人生に飛び込むなんて、なんて健気《けなげ》で勇敢な「いのち」なのでしょう。

はじめは1つの受精卵が、2個になり4個になり……と、どんどん細胞分裂を繰り返し、大きく成長していきます。そして、細胞の数がおよそ3兆個のあかちゃんとなり、私たちは生まれてきています。

それだけを思っても、人智をはるかに超えた偉大な力により、「いのち」は誕生していると言えるでしょう。私たち1人ひとりは、奇跡の連続で生まれてきているのです。

私はヒプノセラピーやワンダーベビーセラピーを通して、記憶をひも解いていく専門家です。

セッションでは、2~3か月の胎児だった頃の記憶、さらにもうすぐ生まれそうな臨月の記憶を思い出す方もいます。特に、ワンダーベビーセラピーでは、1ミリにも満たない受精卵の意識の記憶を思い出す方もいらっしゃいます。

1ミリ未満の〝わたし〟の記憶を思い出した時の感じ方は、人それぞれですが、中には、0・15ミリの卵子や、0・06ミリの精子の意識にまでさかのぼる方もいるので、セラピストの私自身、驚くことがあります。

受精卵の時の記憶があるということは、たとえ1ミリに満たなくても、意識、つまり「個性」があるということですね。〝わたし〟という個を認識しているため、個としての記憶があるのです。

細胞の記憶の中でも、最も大きなイベントが「受精」と「着床」です。

『胎児は知っている母親のこころ』(トマス・バーニー著)の中に記述されている、精神分析学者サビーナー・シュビールラインは、「『受精』において、普通はゆっくりと周期的に起こる細胞の破壊と再生が急激に起きることから、その印象的な体験が細胞に刻まれないはずがないと考えました」と書いています。(文献5)

私は、これまで数々の事例を体験させていただいたことから、胎内記憶があると信じています。しかし、中にはセッションで語り出される内容が、「本当にあったことなのか?」「想像なのだろうか?」と、疑問に思う方もいらっしゃいます。

生まれる前の記憶がどこまで真実なのかはわからないとしても、セッションの中で、潜在意識につながり、みずから語り出されるイメージを、必要な癒やしの材料として活かしていく。そして、クライアントさんにとって、人生がよりよくなるためのセラピーになるのなら、それはとても有意義で素晴らしいことだと思っています。

ワンダーベビーセラピーを受けられると、受精卵の記憶や、「着床して3日目です」と語り出される方もいます。ここでは、そんな事例をご紹介しましょう。

CASE

1ミリ未満の受精卵の記憶に戻って、卵管を通って子宮に着床！

Rさん（幼児教育に関わる保育士）

Rさんのワンダーベビーは、宇宙に浮かびながら、まさにお母さんのお腹の中に入ろうとしているところでした。そこから、真っ暗なトンネルのようなところを進んでいきました。そう、なんと、受精卵に退行したのです。そこからRさんは、母親の体の中をどうやってたどっていくのかを体験しました。

最初は、何が起きているのかわからなくて、驚いていました。トンネルのようなところを通って、梯子《はしご》のようなものも見えます。そこをクルクルとダイブするように進んでいきました。先には光が灯《とも》っていて、途中から受精卵だと気づきました。子宮の中は、ハートのように光っていて安心感を覚えたといいます。

そうして、いよいよ着床！　その時は、母の中にいることで伝わってくる、あたたかい感覚があったそうです。

Rさんは、普段は子どもと関わる仕事をしていますが、どうして今の仕事をしているのか、気づきを得ることができるセッションになりました。

宇宙から母を選び、意志を持ち、そして受精卵として母の体に入り育まれてゆくというご自身の体験により、今すでに生まれてきている子どもたち、これから生まれる子どもたちに対して、「本当のその子らしさを持って、よりよい人生を生きていけるようなサポートをしていきたい」と決意されたようです。

激動のこの時代を望んで生まれてきたあなたは勇者

『スイッチ・オンの生き方』（筑波大学名誉教授村上和雄先生 著）の中で、進化生物学者、木村資生先生によると、この宇宙に1つの生命細胞が偶然に生まれる確率は、「1億円の宝くじに100万回連続で当たり続ける」のと同じくらいだと書かれています。（文献6）

また、1組の両親から生まれてくる子どもには、約70兆通りの遺伝子の組み合わせがあるとされています。

さらに、人間の持っている遺伝子情報は、「1粒のお米を60億に分けたほどの極小スペースに、1ページ1000文字で1000ページある百科事典が3200冊分入っている」ほどだというのです。（文献6）

少し気の遠くなるような規模感ですが、ここからも、すべての人はものすごい確率を突破して、奇跡の連続で生まれてきていることがわかるのではないでしょうか。

私もあなたも、誰もが、途方もない宇宙的な確率で生まれてきているのです。

その中でも特に、ここ日本に生まれる確率はさらに低くなります。

地球上の人口の約8割は、発展途上国に生まれてきているそうです。世界の総人口から比較してみるとおわかりいただけると思いますが、日本に生まれる確率は、なんと約1・6パーセント！

そんな確率の中、私たちは決意と想いを持って生まれてきています。

セッションで、ごく一部の方は「本当は生まれてきたくなかった」と語られることもありますが、ほとんどの方は「目的を持ってみずから生まれようと思った」と、思い出されます。

今は、世界的に見ても、歴史的にも、大きな時代の転換期を迎えています。

私たちは、そしてこれから誕生する子どもたちは、時代の変わり目を経て、新しい時代が創られる時に、決意をみずから持って生まれてきた勇敢な「いのち」なのです。

CASE

祖父が神様の言葉を書き綴ってくれた腹帯を巻いて、ワンダーベビーに出会う

鳳《オオトリ》さん（彫刻家）

鳳さんのお母様は、お父様（鳳さんの祖父）が、神様のご真言を丁寧に書き綴られた腹帯を巻かれて妊娠中を過ごされたそうです。

今回は、その腹帯をご本人がお腹に巻いた状態で、胎内記憶につながるワンダーベビーグループワークにご参加されました。

ワークショップのはじまりでは、参加者のみなさんの前で涙を流すかもしれないという恐怖も感じていました。というのも、小さい頃から父親に「弱い男になるな！」と言われて育っていたからです。

祖父の愛情のこもった腹帯の尊さとあたたかさ、お母さんの愛の温もりを感じて心地い

い胎内を感じて、祖父をはじめ、たくさんの方々が守ってくれていることを実感しました。

今回、この腹帯を持ってきたのは、「生まれ変わる」と決めていたからです。

セッションを受けた後、魂は確実に旅をしていて、自分自身の物語を生きていること、今、しっかりと「ここ」を生きている感覚を得られたといいます。

そして、生まれる前にものすごい使命感を持って生まれてきていることに気づきました。

ワンダーベビーの体験から、自分自身の中に鎮座したような感覚が続いているそうです。

「これを探していた！」「宝物だった」と、気づかれたのです。

「自分のために祈ってくれていた思いが、細胞の1つひとつに今も入っている。だからこそ、これから恐れるものはないと気づいた」といいます。

セッション後、こんな感想を送っていただきました。

「これからどんどん現実化してやってゆくと感じています！

自分がやってきた彫り物ですが、これまで学んできたことを活かしながら、これからどう進むのかが明確にわかってきました。

今も、セッションで感じたあたたかさが胸の中にあります。ずっと今も続いています。僕は、ワンダーベビーを実感して人生が変わりました。このことを世界に広げていってほしいと思っています」

第2章

生まれてきた目的を思い出す

病弱な母親のもと描いた理想の女性像

ワンダーベビーの存在に気づき、ワンダーベビーセラピーによって、多くの方たちが生まれてきた目的を思い出すサポートをさせていただいていますが、ワンダーベビーセラピーが誕生するまで、私自身、山あり谷ありの人生でした。

今振り返ってみると、生まれる前にみずから描いた今回の人生設計に沿って、大変な道筋があったからこそ、ワンダーベビーが生まれてきたのだと思います。

ここで、これまでの道のりと、ワンダーベビーセラピーが誕生するまでのストーリーをお話しさせてください。

私の母は、体も心も弱い人でした。私が子どもの頃、母は、入退院を繰り返す日々。子育てもままならず、私が10代半ばには、一家は離散して暮らすようになってしまったのです。寂しい想いをしながらも、妹は母の実家へ、私は独身だった叔母のもとで暮らすことになりました。

不思議なことに、私は母よりも叔母に姿形も声までもそっくりで、好みや性格も似ていたのです。叔母とは気が合う間柄でしたが、どうしてこんなに似ているのだろう？と、その当時はお互いに不思議に思っていました。

現在の仕事をするようになって、叔母と私は過去世では母娘だったことがわかり、関係性が深く理解できたものです。

10代の多感な時期だったこともあり、「どうして私にはこんなつらい運命が降りかかるのだろうか？」と、自分の人生の不幸を哀れみ、母のことを悲しんでいました。

そんな背景から、「お母さんがいつも元気で明るい家庭」「美しくたくましく生きる女性」が、私の理想の女性像となったのです。

不運な事故から自己探求への目覚め

社会人となって、結婚し、長女を出産しました。娘が4か月を迎えた頃、理想のビジョンを頑《かたく》なに守っていた私は、「いいお母さんにならなければ……」と、つい我慢をして無理をしていました。

そんな時に不慮の事故に遭い、腰を痛めてしまいます。

その後、痛みを和らげるために受けた整体が合わず、全身の神経の痛みが悪化し、大学病院で診断を仰ぐも、原因不明といわれ、首を回すことも歩くことも困難になってしまいました。何より我が子を抱き上げることすらできなくなってしまったのです。

「不幸な自分の母親より、もっとひどい母親になってしまった」

この時、私は深い絶望に打ちひしがれました。

もちろん全身の痛みも耐えがたく、「このまま死ぬかもしれない」「一生、不自由な体になるかもしれない」と、日夜続いている痛みに耐えながら、どうにか体を治したい一心でした。

それ以上に、生まれて数か月の娘を抱き上げることもできず、断乳せざるを得ない状況に絶望を感じていたのです。


義母に娘を預けて入院し、その後もさまざまな治療を受け続けると、少しずつ回復はするものの、痛みは収まりませんでした。体重も38キロまでやせ細り、倒れてしまいそうな時期を過ごしていました。

そんなある日、ふと目にした本に、日本ではまだあまり認知されていない自然療法について書かれていました。直観的に私は、「これで治るかもしれない！」と感じ、そこに書かれていた東京の治療院の診察を受けることにしたのです。

治療院に行くと、先生から「これは大変だ……交通事故に遭ったのですか」と言われました。それまでどの病院に行っても、原因はわからないと言われ、ただ痛みを処置しようとするだけで、完治のために寄り添った治療をしてもらうことがなかった私は、一条の光を感じて号泣しました。


今では常識なのですが、その当時は、仙腸関節(骨盤の中の仙骨と腸骨の間にある関節)は動かないことが通説のようでした。ですが、その先生は「仙腸関節は体の土台の要である。微《かす》かなズレを整えると体は治る」と、独自の理論を唱えておられ、本を執筆したり、治療に専念されている方でした。

この先生の治療を実際に受けた私は、「私は必ず治る！　母と同じ経験を連鎖させない！元気な母親になって家庭の太陽になる！」と、心に固く誓いました。

それから治療に専念するため、夫と義母に「これが最後のお願いです!」と頼み込み、1歳になったばかりの娘を預けて、治療院付近のビジネスホテルに1か月間泊まり込んで、毎日治療を受けることにしました。

すると、薄紙を剥《は》ぐように、少しずつ体は戻っていったのです。後遺症のような痛みは少し残っていたものの、見た目には気づく人がいないほどに回復し、どうにか普通に生活できるくらいまで治癒していきました。

この手で娘を再度抱き上げられた時には、喜びと深い感動を覚えたことは言うまでもありません。

一見、不運に見舞われた出来事でしたが、この人生での困難な経験が、現在の私の基盤となりました。

幼子を抱えて、日々を懸命に生きていたのに、どうしてさらなる不運を引き寄せる人生を生きることになったのだろう。
その疑問をきっかけに、自己探求に目覚めたのです。

母親からの連鎖は断ち切りたいと思いながらも、自分も同じ運命をたどらないように必死に頑張りながら、日常の生活と子育てに追われていた時期。そんな中、不運な事故による、不自由さと痛みと不安に襲われる毎日に疲弊し、そして、自然療法による奇跡的な治癒への道が開かれていったのです。
時が来たら、この運命について深く探求するようになるのだろうと、心の片隅で思っていました。

宇宙意識の本との出会いから道が拓ける

娘にも寂しい想いをさせてしまいましたし、私の体も良くなったとはいえ、今後、子どもを産むことは怖くて無理だろうと思っていたところ、2人目の妊娠に気づきました。

不安もありましたが、前回の経験から学んだことを活かして、産んで育てたい！と決意し、無事に男の子を出産しました。


娘が産まれた時は、とにかく立派な母親になるために無理して頑張っていたので、2度目となる今回は、心身を労わりながら、穏やかに過ごすよう心がけました。「無理をしない」という選択ができるようになっていたので、この時点で少しは成長できていたのでしょう。

女系家族だった私にとって、男の子の子育ては、まるで宇宙人を育てているような新鮮な感覚の日々を送りました。

息子が1歳半の頃、家を建てるために土地を探していた時のことです。知人からあるお寺のご住職を紹介していただきました。

そのご住職は、方角や年回りなどを視ることのできる方でしたが、そこで、運命的な言葉をいただいたのです。

「あなたのもとに生まれた息子さんは宝を持って生まれてきている。この子は伊藤家の宝になっていきますから、お母さん、大切に育ててください」

土地のことを伺うためにご住職に会いにいったにもかかわらず、開口一番、ご住職は家系図を指差しながらそう言われたのです！

「この子は、宝を持って生まれてきている？」

言われた瞬間は意味がわからず驚くばかりでしたが、いつの日か、息子が持ってきたというその宝を開くときがくるのだろうと、不思議にも素直に信じることにしました。

息子が2歳になったある日、上の娘も一緒に、近所の図書館を訪れました。幼児コーナーの絵本の読み聞かせが始まるまで、小さなベンチに娘を座らせて、私はその隣に座り、息子を膝の上に乗せて読み聞かせが始まるのを待っていました。

3人で座っていた小さなベンチの端っこの、私のすぐ側に、1冊の分厚い本がそっと置いてあるのに気づきました。

「あら、さっき座る時には何もなかったのに？」

不思議に思いながら、何の本だろうと気になり手にしてみました。開いてみると、その本は宇宙意識について書かれていて、出版して間もない本であることがわかりました。

そこで思い出したのです。

2か月ほど前、ある本に出会い、その中にある一文に目が釘付けになったのです。そこにはこう書かれてありました。

「ワクワクすることをしなさい」

「あなたが現実を創っているのです」

この言葉を見た瞬間、「私はすでにこのことを知っている」という感覚があふれ出したのです。

その後、この言葉が書かれている本が何という本なのかを調べて、図書館で借りようと試みましたが、貸し出し中だったため諦めて、すっかり本の存在は忘れていたのです。

私は、そのことを誰にも話していないし、私自身も忘れていたのに、まさかその本が子どもの絵本コーナーにあるなんて！　こんなことってあるのだろうか？　誰かが置いたのだろうか？　もしかして、誰か私の心を読めるの？

そう思って周りを見渡してみましたが、それらしき人は誰も見当たりませんでした。真相はわかりませんでしたが、誰かが置いていってくれたことはまぎれもない事実です。

その本とは、世界的に有名なバシャール（アメリカ人のダリル・アンカ氏が肉体に意識を降ろすことでメッセージを伝える宇宙存在）の本だったのです。（文献7）

その本には、地球は進化の時を迎えており、魂の成長のために人は輪廻転生《りんねてんしょう》を繰り返して地球に生まれてきていること、起きることはすべて魂の意図であることが書かれていました。

ほかにも、親子関係の本当の意味について、人には無限の可能性があること、人生設計にぴったりな才能を携えて生まれてきていることなど、これまで聞いたこともない新鮮な情報ばかりがあふれていました。宇宙意識がもたらす情報に衝撃を受けながらも、どこか自分の深い部分では〝知っている〟という不思議な感覚でもあったのです。

バシャールの言葉を読みながら、思い出したことがあります。それは、あのご住職の言葉です。

「そうか！　膝に抱えているこの子は、宝を携えて生まれていると言われていた。この子は〝生まれた目的を持ってきている〟と意識して見守ってみよう。そして大切に育てよう」

そう決めたのです。もう30年以上前のことです。

そこから、宇宙意識を活用した、ちょっと変わった子育てが始まりました。この子育てについては、近い将来、次回作の本に書きたいと思っています。

子どもたちが導いてくれたセラピストへの道

私が娘と息子との関わりで、一番大切にして意識してきたことは、子どもというより、1人の人として向き合うことです。そのため、子どもたちとは、「宇宙とは」「愛とは」という、大人同士でもなかなか話し合うことが難しい話題について、よく語り合ってきました。

息子が10歳を迎えた頃、音楽に目覚めて、ギターを独学で弾きはじめるようになりました。著名な音楽スクールからお誘いがあっても、彼の音楽の世界観と合わないことが自分でわかっていたのでしょう。

「音楽は宇宙に学ぶ」

「僕の中に音楽があるんだ」

「ギターがうまく弾けないときは諦めて寝ると、次の日の朝には弾けるようになっているから不思議なんだ」

と、話すような子でした。

楽器だけでなく、作曲も独学で学び続け、洋楽を学ぶために英語も独学で学び、自由にのびのびと、そして黙々と音楽に打ち込む音楽人生を歩みはじめました。自分で決めてきた道を当たり前のごとく進んでいる結果なのでしょう。

10歳で目覚めた音楽の道に、25年経《た》った今もなお進み続け、現在はオンリーワンの才能をプロの音楽家として開花させ、音楽プロデューサーとして活躍しています。

振り返ってみても、音楽に目覚めた当初から、宇宙とつながって音楽を降ろしてくるようなタイプでした。人の魂を癒やし心が開かれていくような音楽を奏でることが、自分の人生の役割であることに気づいていたように思います。

そして、私の人生を大きく変えるきっかけになったのは、娘です。

これはクライアントさんを見ていても思うのですが、同性の母娘は、お互いに厳しい目を向けてしまい、それに対して罪悪感を持ち、自分に嫌気がさしてしまうパターンが多くみられます。まさに私もそうでした。

まだ体がつらい状況だったこともあり、娘にはつい当たってしまい暴言を吐いたり手が出てしまったり悲しませたりと、ダメダメな母親でした。また、娘と息子、それぞれへの自分の対応がこうも違う理由が自分でもわからず、感情の仕組みに困り果ててしまい、まさに自分責めの状態でした。だからこそ、同じような環境のお母さんの気持ちが、誰よりもよくわかったのだと思います。

この感情の体験から、のちに知る「インナーチャイルド」という概念に出会い、心の謎解きが始まったのです。

子育てが落ち着いた頃、本格的に、人生の本当の意味を探求するようになりました。心理学、ホリスティック医療、催眠療法、そしてインナーチャイルドの概念などを学び深めていくうちに、「これをするために生まれてきたんだ！」と感じるようになります。

「私自身が悩んだ、**感情の仕組み**のことを、多くのお母さんに伝えたい！」

「子育てにはお母さんの**インナーチャイルドを癒やす**ことが大切！」

このような活動をすること、これこそまさに私がやることなのだと気づき、そこからセラピストとしての道を歩みはじめたのです。

実は、娘は、私のスクールで学んでくださった信頼できるワンダーベビーセラピストから、つい数か月前にワンダーベビーセラピーを受けました。それによって、娘は私の胎内にいる記憶もすっかり思い出したと言います。

娘の人生の設計図には、「自分の人生をワクワクする心でクリエイトしていくために生まれた」と描いてあったようです。そして、女性を導くことも目的の1つにあったと言います。

その証拠に、デザインの道に進んだ娘は、自身も母親となった現在、女性のためのビューティサロンをオープンし、コンサル業もはじめ、全国展開をする経営者として活躍しています。

そんな娘のもう1つの人生の目的は、「お母さんにいろいろと教えるため」でした。だから、私を母親として選んで生まれてきてくれたのだそうです。

確かに、私がヒプノセラピーを学んでいる時に、娘を産む際の記憶を思い出したのですが、その時「私はあなたの人生を変えるために生まれてきます」という、娘の魂の声が全身に響きわたる感覚がよみがえり、私は号泣したことがあったのです。

「なんて偉大な魂なのでしょう。ごめんなさい！　そして、ありがとう！」と、心の底から思ったものです。

娘とは、今ではとても仲の良い親子関係を築けるようになりました。

あるときは母のように大きな愛で私に向き合ってくれる娘は、魂レベルが数段高い魂です。セラピストとしても、母親としても、私をここまで導いてくれた大天使であり、人生の恩人だと感じています。

空想も祈りも、現実になる

ヒプノセラピストとして10年ほど経った時のことです。ちょうど伊勢神宮式年遷宮《せんぐう》が行われた2013年でした。

私は人生で初めて、伊勢神宮の内宮の御神前で手を合わせ、お祈りさせていただきました。

「これからより一層、世界中の母子の幸せのために活動させていただきます」

そう祈ったのと同じタイミングに、ダウンコートのポケットに入れていた携帯電話にメールが届いたのです。あまりにも同時だったので、どんなメールなのだろうと携帯を開くと、そこには「いのち誕生の奇跡」の素晴らしさを伝えるために国内外で活動している「バースカフェ」九州初開催が、佐賀県の大和であるので、代表の瀬川映太さんと一緒にナビゲーターとして久美子さんのこれまでの活動を話してほしい、というご依頼でした。

この時、「え……！　神様にお祈りしたらすぐに叶ってしまった！」と驚くと同時に、いよいよ私の人生の目的である天命がはじまったのだと気づきました。

この出会いから、私の活動が大きく変化しました。

そこから「いのち誕生」に関わるさまざまな活動をしている、同じ志を持つ仲間たちと出会うことになりました。

その中には、先に述べた胎内記憶の第一人者である産婦人科医池川明先生との出会いがありました。また「助産院いのちね」代表助産師の岡野眞規代さんとも、国内外のあちこちをご一緒させていただくようになりました。

国内でも類を見ない独自の「**お母さんのお腹に還《かえ》って胎内記憶につながるグループワーク**」も、この頃には考案し、全国各地、また海外でもオンライン形式で世界中の方たちに感動体験をしていただくことになりました。

そんなある日のこと。インターネットで情報を検索中に、催眠療法について学会発表されたという記事を目にしました。

「私も関わっている催眠療法の分野で、学会発表することもあるんだ。私にもできるのかな〜」

そんな何気ない感じで、少しだけイメージを自分の中に存在させたのを覚えています。

とはいえ、ほんの一瞬でした。

するとその数日後、なんと池川先生からご連絡があったのです。そこにはこうありました。

「これまでの経験での事例を学会で発表しませんか」

そこからの流れは、「はじめに」でお話しさせていただいた通りです。

「あら、もう叶ってしまった！」

「あなたが現実を創っている」とは本当なのだと実感できました。


この時、遠い記憶もよみがえっていました。

それは、私が高校3年生の時のことです。授業の一環で、献血にまつわる医療分野の論文を書くことになりました。論文というより高校生ですから、軽い気持ちで書き綴っていたのですが、なぜかその作文が高評価され、なんと学校代表となり、次は市の代表となり、あれよという間に県代表として、とうとう〝弁論の甲子園〟といわれていた「全国高校弁論大会」に出場することになったのです！

大会では緊張しっぱなしで、味気ない散々たるものでしたが、鮮明に思い出したことがありました。それは、日本代表としてユニセフでの発表も経て帰国したばかりの、東北出身の女子高生の存在でした。

新進気鋭の熱意あふれるその弁論に圧倒され、「こんな子がいるんだ！　すごいなぁ。私もいつか世界に発信してみたい」と、漠然とイメージしたことを思い出しました。

年月を経て、本当に世界の場で発表することになるなんて、誰が予想できたでしょうか。

しかしこれも、自分が現実を創っている現れなのかもしれません。

初めての学会発表に向けて

実は学会発表のおすすめをいただく数年前の2019年に、アメリカ・コロラド州デンバーで開催された「APPPAH（出生前周産期心理学協会）」の学会にて発表するつもりで準備をしていたことがありました。

しかしその時は、最終的に現地まで行けなくなってしまったので、次もしお誘いがあった際は「YES《イエス》!」とお引き受けしようと心に誓っていたのです。

その想いの中には、これまで私が取り組んできた事例を、世界中の多くの方々に知っていただきたい！という熱い想いが込められていました。

「ありがとうございます。チャレンジさせていただきます」とお引き受けしたものの、医師でも科学者でもない私は、学会初心者です。右も左もわかりませんでしたが、チャレンジすることにしました。

後からわかったことは、その学会の発表者はほとんどが医師であったということです。初めての学会発表は緊張しましたが、おかげさまで無事に終えることができました。

それから、人生初の論文執筆が始まりました。

子を産み出すお母さんのように、世に出したいという想いはものすごい原動力です。

こんなにもパワーが出てくるものなのかと、実感しました。

真心のとびらが開いて、「ワンダーベビー」誕生！

論文執筆中は、クライアントが癒やされ変化していくプロセスを、ブレがないように誠実に書いていきたいとの想いが強く、何度もヒアリングをしては書き直していました。

初めての学術論文を執筆するというチャレンジのために、時間を作ってパソコンに向き合っていると、終わりの見えないゴールを見つめているような気持ちになり、弱気になって「私にできるのだろうか」「力不足だからと、ご依頼をお断りしたほうがよかったのかもしれない」と、ついネガティブな気持ちになり落ち込んだりしていました。

そこで、目を閉じて軽く瞑想をすることにしました。

時々、心を鎮めて整えるためにやっている簡単なワークです。その瞬間、

「あなたには『真心』があります　『真心』を込めておやりなさい」

と、内なる声を感じました。

「そうだ！　たいした学歴もなく研究者でもないけれど、私が天からお役目を与えられたのは真実だから、唯一持っている『真心』で、この課題に向き合って乗り越えてゆく！」と、決意しました。

そこから、心が澄み切った感覚になり、ブレなくなりました。

そして、唯一の「真心」に、私自身を合わせていきました。

文献の表記を考えたりなど、執筆はやることが多かったのですが、いつものように胸の中の「真心」に集中して向き合っていた、ある日のことです。

やっと、一条の光が見え、ゴールが近づいてきました。

その日は夜遅くまでパソコンと向き合い、文献片手に、終わりが見えてきた論文を、一心に書き進めていたのです。

すると、目には見えませんが光のエネルギーのような〝何か〟が、私のお腹のおへその少し下辺りから現れ出てきたのです！

まばゆい金色に光り輝いているその感覚は、目には見えませんが、私のイメージでは〝あかちゃん〟そのものでした。

金色に光るあかちゃんから、こう伝わってきました。

「わたしはワンダーベビー
想像をはるかに超えた素晴らしい存在」

突然、自分の体から、まばゆい金色に光り輝くエネルギー体のあかちゃんが出てくるなんて！　とにかく驚いたことは、想像に難くないでしょう。

まさか私にこのようなことが起こるとは……。

「私が、来る日も来る日も真心を込めて母親の胎内のあかちゃんのことを始終考えていたから、現象化したのだ」ということなのでしょう。

量子力学の観点からも、意識してエネルギーを注ぐと現実化するといわれていますから、「あなたが現実を創る」という、具現化の法則なのでしょうか。

「真心」を込めて向き合っているとき、純粋意識そのものになります。

私は、その領域に日夜、集中していたから、具現化できたのだという直感がありました。

まばゆい金色に輝いてみずからを「ワンダーベビー」と名乗る存在が、私はとても愛おしく、神聖さを感じました。

同時に、「**ワンダーベビーを伝えてほしい。世に出してほしい**」と望んでいる感覚が伝わってきたのです。

とはいえ、どのように表現したらいいものだろうか、医療分野の厳しい世界の学術論文に、「エネルギー的に誕生したベビー」と書いていいものなのか？

そう悩み、池川先生にご相談することにしました。一連の話を聞いていただいたところ、ワンダーベビーの「定義」をつくる必要があるとアドバイスをいただきました。

そこから急ピッチで定義をつくり、終盤に差し掛かっていた論文の「胎児」という表現を、すべて「ワンダーベビー」に変更することにしました。

そして、ワンダーベビーにアクセスし、胎内記憶をひも解いて人生に活かす、**「ワンダーベビーセラピー」**を開発したのです。

その後2024年、日本催眠学会誌に論文を掲載していただきました。（文献8）

同年に開かれたAPPPAH国際会議では、池川明先生率いる「胎内記憶グローバルプロジェクト」日本代表メンバーとして、無事にワンダーベビーの発表を行うことができました。

そして「胎内記憶療法ワンダーベビーセラピー」の論文を執筆し、ＡＰＰＰＡＨ（出生前周産期心理学協会）ジャーナルに掲載されました。（文献９）

「ワンダーベビーを世界中の母子の幸せのために伝えてほしい！」

ワンダーベビーのその想いは、まさに私の生まれてきた目的そのものです。論文執筆中もそうでしたが、本書を書いている今もまさに、ワンダーベビーと共にいる感覚があります。

まばゆい金色に輝くワンダーベビーは私自身から生まれましたが、すべての人、つまりあなたのワンダーベビーでもあるのです。

第3章

ワンダーベビーは生まれてきた目的のパートナー

胎内退行療法から、胎内記憶療法へ

ヒプノセラピーには、年齢退行セラピー、前世療法、胎児期退行セラピーなどの退行療法も含まれています。これは、幼児期や胎内期、前世に記憶をさかのぼることで、ネガティブな感情や心の傷を癒やすことが主な目的です。

インナーチャイルドセラピーも、ヒプノセラピーの1つです。

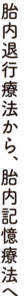

私は、第2章でお話しした通り、いのち誕生に関する活動に関わるようになってから、「胎内期の癒やし」に着目したセッションやグループワークをする機会が増えていきました。

それは、**胎内期の記憶**が私たちの人生に大きな影響を与えており、その記憶につながることで、私たち1人ひとりが持っている人生の目的を、ひも解くことができる可能性があると気づいたからです。

長い間インナーチャイルドの癒やしに関わってきた経験から、子どもたちは無限の可能性を持って生まれてきたこと、また、子どもたちは目的を持って生まれてきている、という視座でクライアントさんに向き合ってきました。

そして、それ以上にもっと過去の**「胎内期」には、今の自分を形成する大きな原点がある**ことに気づきました。このことはこれまで以上に注目され大切にされていく必要がある、という気づきが深まっていったのです。

第1章でもお伝えしましたが、インナーチャイルドとは自分の内側に存在する「子ども心」「幼少期の自分自身」という意味です。自分の内側に子どもがいるように見立てて癒やしていくための、アメリカから入ってきた心理学用語です。

インナーチャイルドセラピーの中では、インナーチャイルドのことを、ご自身の小さい頃の姿やぬいぐるみのような姿などを、人それぞれにイメージされます。

このようにインナーチャイルドセラピーでは、子ども心を**副人格**としてキャラクターのようにとらえ、セッションを進めていきます。

一方、ワンダーベビーセラピーを行うときのワンダーベビーとは、母親の胎内に実際に存在していた「**あなた自身**」です。

胎内期の自分、つまりワンダーベビーは、お母さんのお腹の中にいる胎児の自分、受精卵の自分、または肉体に入る前の光の存在とイメージする方がほとんどです。

みなさんにイメージしていただきたいのですが、クマのぬいぐるみと、お腹の中のあかちゃん、どちらが自分の過去の姿だと感じやすいでしょうか。

その違いは何かというと、「**実在**」**するかどうか**です。

ワンダーベビーは、いのちのはじまりの自分ですから、ぬいぐるみのような比喩ではなく、確実に存在する自分自身です。あなたの細胞の中に今も存在している「自己意識」とも言えるでしょう。

この世に実在する、いのちのはじまりの自分自身、何の曇りも何の汚れもない自分自身ですから、より信頼度も深まるのではないでしょうか。

しかも、そのはじまりの意識が、あなたの今回の人生の設計図を携えているとしたら——。

私たちは生涯をかけて、生まれてきた人生の目的を目指して生きていると言えます。

そこに向けて**思い通りに生きてゆくための初期設定が、胎内期にある**としたら、当然のごとく胎内期の自分とつながって、どんな設定なのか知りたいと思いますよね。

特に、今は世界的にみても時代の転換期を迎えている不安定な時期だからこそ、どうしてこんな時代に、この環境に生まれてきたのだろうと、多くの方が答えを求めています。

あなたもそうではないでしょうか。


私が行うセラピーは、胎内へ退行して癒やしを行うだけにとどまりません。ワンダーベビーが持っている、生まれてきた目的が描かれた今回の人生の設計図をスムーズに開いていけるように進めていくセラピーです。だからこそ、胎内記憶にアプローチするワンダーベビーセラピーは、胎内記憶療法であると確信しました。

胎内記憶という言葉を使いたいことを池川先生にご相談させていただくと、大変喜んでいただきました。そして、「応援しています」と太鼓判をいただいたのです。

CASE　～ご本人が語る体験談～

今回の人生の設計図を開いたら、望み叶うスピードがすごい！

松隈智子さん（元県警勤務、心理セラピスト）

私は、ワンダーベビーセラピーに出会い、自分の潜在意識につながり、自分本来の「核（自分軸）」を掴《つか》んだことにより、何が起きても「常に幸せでいられる」「欲しいものが勝手に引き寄せられる」「やれないと思っていたことができるようになる」という不思議な体験をしたので、みなさんにお伝えしたいと思っています。

現在、心理セラピストとして「Mother Leaf」を開所し、同所でヒプノセラピーセッションなどを活用し、カウンセリングを行っています。

また、スクールカウンセラーをしたり、虐待を経験した子どもたちに接したり、子育てに関する講演会を実施したりと、心理学や子どもに関するパラレルワークをしています。

私は警察で、非行や被害者の少年の立ち直りを支援する心理の専門職として、25年間勤務し、管理職にまでなっていましたが、辞めてしまったのです。

〝私〟という感覚で生きていないとき、人は「愚痴、文句、嫉妬、不信感」の渦に巻き込まれます。そんな中で、私はすがる思いでさまざまな心理セラピーを学びはじめ、学んでいる途中で、何かに導かれるように警察を辞めてしまいました。辞めてスッキリしたはずが、それでもまだ、先の見えない真っ暗闇の中にいました。

そんな時、ヒプノセラピーに出会い、久美子先生とつながって、ワンダーベビーセラピーにたどり着いたのです。

そして、ワンダーベビーセラピストになるために、繰り返しセッションを受けました。私のワンダーベビーとつながってみると、驚きの連続でした。

私は1人っ子ですが、父親から「家を継ぐ」ことを望まれていたので、家を継ぎやすいようにと公務員になり、遠方の恋人と別れ、両親の近くに住める相手と結婚して、自分の人生に責任のない、自分らしくない生き方をしていました。そして、「私はきっと、女の子1人しか産めなかった母親を助けるために生まれてきたのだ」と思い続けていました。

ですが、セッションをしてみると、ワンダーベビーから、「父親を〝家継ぎ〟の呪縛から解放するために生まれてきたのだ」と伝わってきたのです。

「えー！　ウソでしょう！」と思いながら、ワンダーベビーセラピーを受けて、自分の旧姓が嫌いな私でしたが、急に自分の旧姓が愛おしく思え、自分自身として愛が広がって熱くなって力がみなぎっていくのがわかりました。

父親が長男として祖父から「家継ぎ」を引き受けたことで、兄弟姉妹に比べると、好きな場所で好きなことを好きなように生きることが困難だったという、父親なりの苦しみや責任を背負った生き方を理解することができたのです。

私はその後、反発ばかりして、ほとんど言葉も交わすことがなかった父親に対し、直接、「お父さんの生き方は、お父さんが決めてね。これまで、立派に生きてきたんだね。とても尊敬しているよ。お父さんの生き方はお父さんとして正しかったのだから、これからは自由になってもいいよ。ここまで頑張ってきたんだね」と伝えることができました。
あの時の父親の脱力した緩やかな顔を今でも忘れられません。

そこから不思議なことが起き続けます。警察を辞めて、スクールカウンセラーをしていると、「先生に直接相談がしたいのですが、どこに行けばよいのですか？」と言われるようになります。でも、私はカウンセリングルームを持っていません。

ワンダーベビーにつながって、「川のほとりで山があって空気が澄んで人里離れたところにカウンセリングルームを開いている私」を見たのですが、そのわずか半年後、あの時見たのと同じような一軒家を、入札を経て低価格で落札し、「Mother Leaf」というカウンセリングルームを開設することができました。

あっという間の出来事です。

「自分たちで畑を耕し、できた無農薬野菜でカフェを開き、就労体験ができる場所」もワンダーベビーセラピーで見えていたのですが、今回その計画も急ピッチで進んでいます。

さらには、人前で話すのが苦手だった自分が、今は話したいことが不思議と口から出てきて楽しくてしょうがなく、先日は「お話、面白かったです。あっという間に時間が過ぎました！」と言ってもらえ、自分の母校大学の大講堂での講演会も決定しました。

他にも、思っていることが現実化する体験が多々あり、知人たちから、「何でもやってしまいそう。今度は何をやるの!?」と驚かれっぱなしです。

今は、周りを見渡すと、私と気の合う仲間がいて、欲しいものや欲しい余裕の時間が持て、いつもみんなで笑ってご機嫌で、自分自身を信じて愛することができ、仕事も遊んでいるように楽しく、ピンチがチャンスに思え、病気もなく、怪我もなく、ふわふわと風のように自分の波動が軽く、虹色に包まれ、まったく見える世界が変わってしまいました。

そして、今の自分が「ウソ偽りない本当の自分」であると確信することができています。

CASE～ご本人が語る体験談～

厳しい祖母から育てられた母と疎遠になっていたけれど……

Aさん（会社員）

母親との関係が悪く、2年くらい実家を遠ざけて過ごしていましたが、父との関係は良くて、いつも母親のことを話し合っていました。

「何のために産んでやったと思ってるんだ！」と、いつも高圧的な態度で強気で厳しい母親が苦手な私は、顔を見るのも嫌でした。それでも、どうにか実家のバラバラの家族関係を良くしていきたい気持ちがあり、ワンダーベビーセラピーを受けることにしたのです。

胎内に退行してみると驚くことに、私の口から「大好き！　大好き！　大好き」と連呼するように母親への愛情があふれ出したのです。これには、びっくりです！

実際には、顔を見るのも嫌で大嫌いなのに……ワンダーベビーは「大好き」と思っているのです。

そして、子宮の中は、きれいなピンク色でした。私のことを妊娠していることに気づいている母からは、「嬉しい～！」という気持ちが伝わってきて、母親とつながれた気がして涙があふれました。

セッション中の私はというと、このギャップがすごすぎて、すごく引いて見ている感覚がありました。とても不思議な感覚です。

私の家族は、祖父母は中国出身で日本に移住してきました。戦中戦後の混乱の中、家族を守りながら生き延びてきた家族です。そのため祖母は厳しくしつけをして次女の母を育ててきたそうです。

厳しい性格の母は、その後、日本人の父と結婚しましたが、その影響が父親や子育てに及んでいたことが、家族を縛ることになっていたのだとわかりました。

今回、ワンダーベビーセラピーを受けて、肩の力が抜けた感じがありました。

それまでは、実家に足が向かず遠のいていたのですが、セッション後には行くことができている自分に驚いています。そして、母の前に座ることができなかったはずなのに、面と向かって座れるようになりました。

さらに、私が気にしすぎていたこともわかりました。そんなとき、ワンダーベビーは「気にしなくていいよ」と言ってくれているように思います。

母親のすべてを受け入れるようになったわけではないですが、心がラクになりました。

そして、この家族を調和させていく役目が、私にはあるんだという気持ちが湧いてきています。

ワンダーベビーの意識について

ワンダーベビーは、生まれてきた目的を持っているあなた自身の最初の意識ということを、ここまで説明してきましたね。

ここでは、ワンダーベビーの意識の世界をお伝えします。

ワンダーベビーの意識は、「どんな人生設計をしてきたのだろうか」という視座から始まります。そして、それを実現するために、才能や個性という情報を携えてきていると考えています。

〈図1〉意識

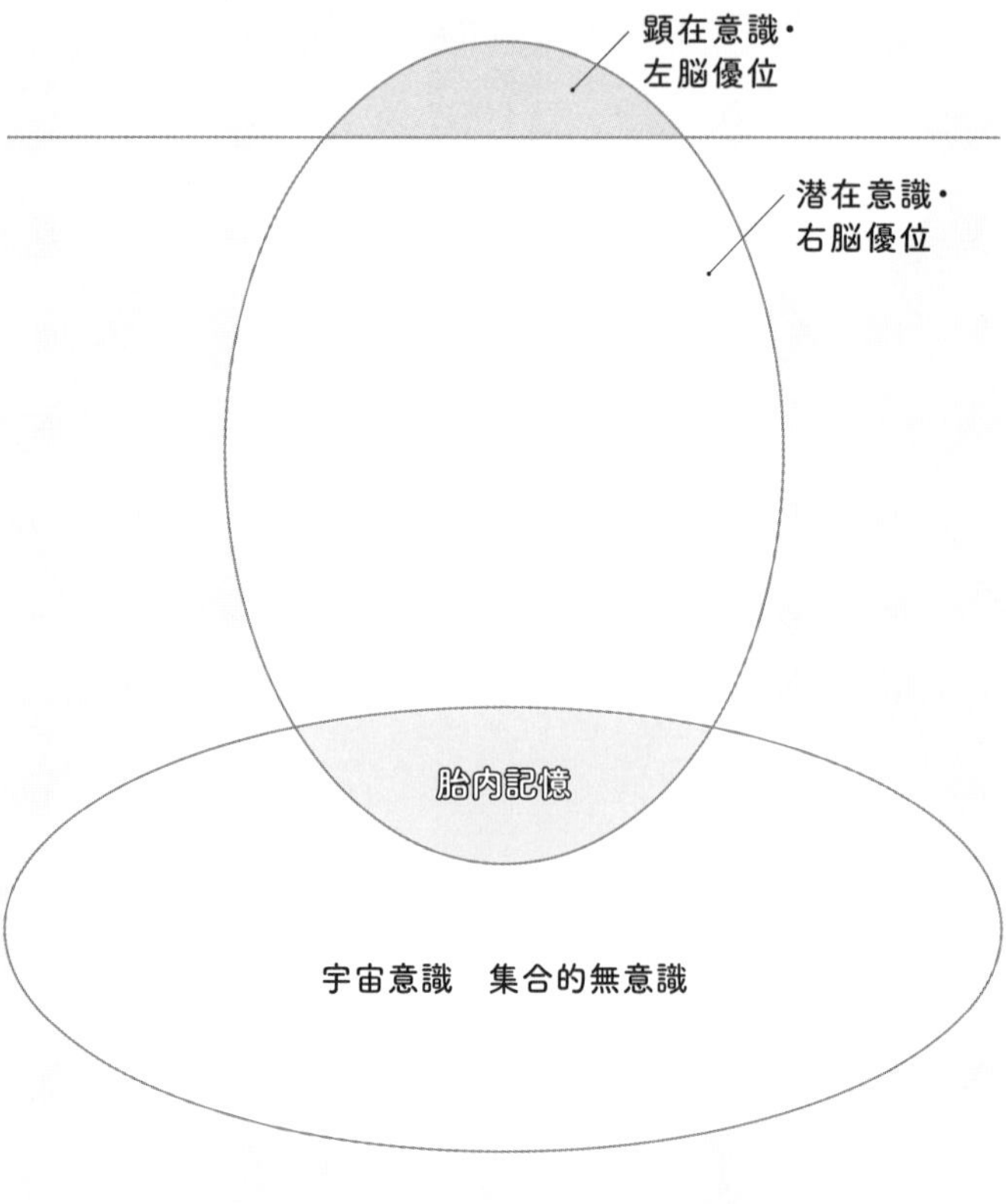

〈図2〉ワンダーベビーの意識の世界

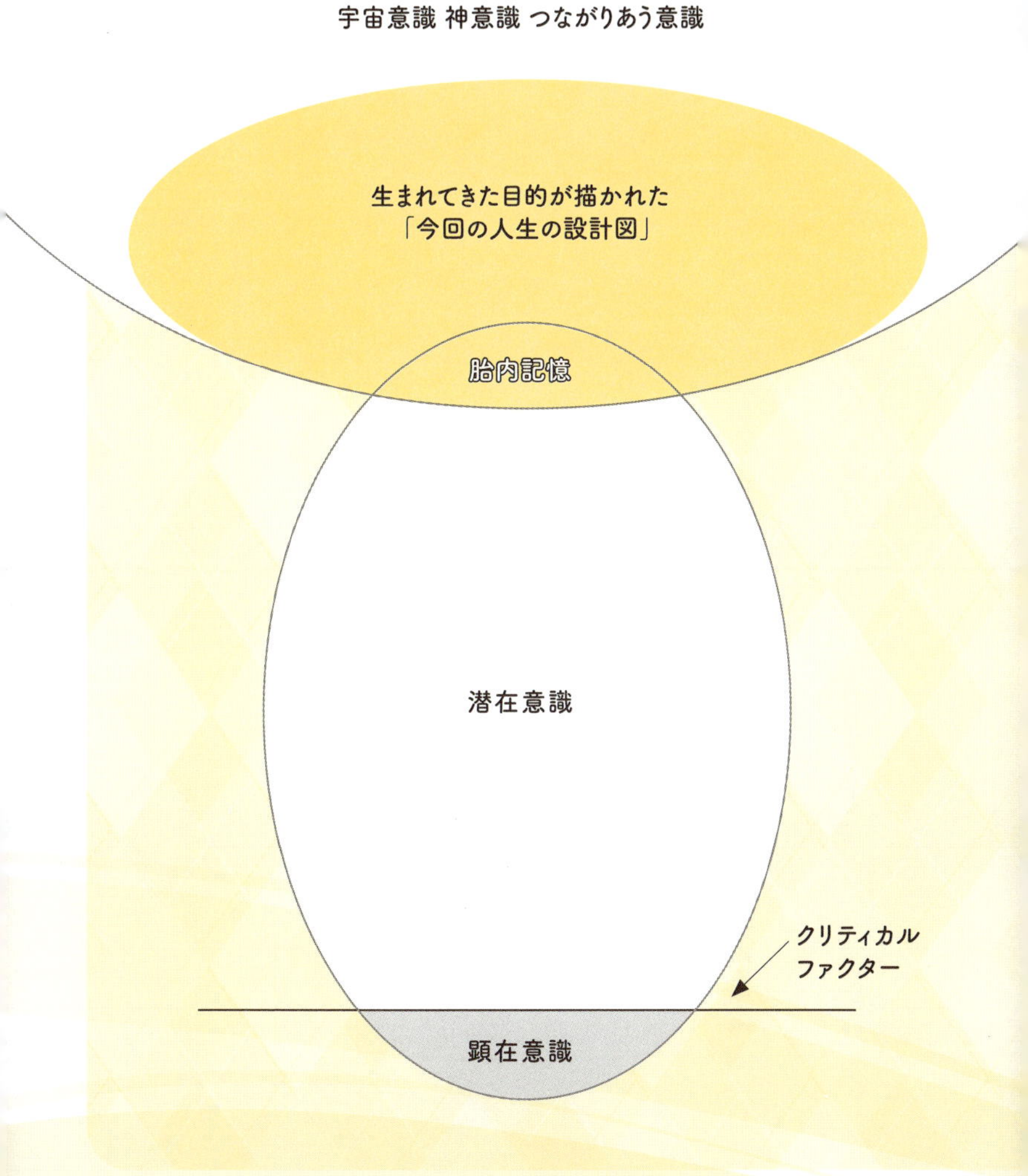

図1を見ていただくとわかるように、こちらは従来の一般的な「意識」の図解です。私自身も、以前はこのように意識の仕組みを学んできました。

では、ここで図2をご覧ください。

こちらは、私が考案したワンダーベビーから始まる意識の世界です。

ワンダーベビーセラピーを世界初で作りましたから、この図解もきっと世の中にまだないと思います。

これは、いのちのはじまりの視座から「意識」について、図解にしたものです。

この図解では「意識」の世界が、従来の図解と〝反転〟しました。

意識の一番上が「宇宙意識」「神意識」、次に「胎内記憶」、そして「潜在意識」「顕在意識」となります。

私たちは、本来、誰もが「宇宙意識」「神意識」につながっており、生まれる前の記憶を持って生まれてきています。ただ、それを〝忘れてしまっている〟だけなのです。

今までは、思い出さなくてよかったのか、もしくは、思い出せない仕組みになっていたのかもしれませんね。

そして、今こそ、思い出す時を迎えています。

この本を読んでくださっている方の中には、大きくうなずいている方々も多いのではないでしょうか？　きっと、「何のために生まれてきたのだろうか」と、漠然とした疑問が湧いてきたこともあるでしょう。

著名なアメリカの細胞生物学者ブルース・リプトン博士は『「思考」のすごい力』(文献10)の中で、「細胞は、意志や目的をもって学習や細胞記憶も保持することができる」と書いています。

1ミリに満たない受精卵の記憶は、ワンダーベビーの記憶といえると思いますし、細胞の記憶ともいえると思うのです。

そこにアクセスすることで、ついに、あなたの中の意識のデータをひも解く時がきているのでしょう。

ワンダーベビーセラピーでは、顕在意識と潜在意識の間にある、意識の膜のような「クリティカルファクター」を緩めて潜在意識にアクセスし、そして胎内記憶につながっていきます。

クリティカルファクターとは、「心のフタ」と言われたりしますが、潜在意識を守る意識の壁のようなものとイメージしてみてください。

このクリティカルファクターには諸説ありますが、大まかには6~12歳頃までに出来上がるといわれています。

産まれる前に描いた今回の人生の設計図を、胎内期では覚えていることが、セッションを通してわかっています。そして、誕生してさまざまな体験をしていく中で、感情のプログラムが構築されていきますし、身に付けてゆく才能も私たちにはありますね。

図2でわかるように、これからの新しい時代は、意識の世界をこのようにイメージしてはいかがでしょうか？

こんなにも大きな宇宙意識とつながっているのが、私たちの本当の姿なのだ、と気づくことから始まります。

まずは、新時代の子どもたちは、この意識で生まれてきているということを、1人でも多くの方が気づいていきましょう！

そして、大人たちも、今こそ生まれてきた目的をひも解いて、この地球に何をしに来たのかを思い出していきましょう。

それが、あなたが生まれる前に交わした「**いのちのやくそく**」なのですから。

親子の意味をひも解く胎内記憶

胎内記憶に触れるようになって、さらに親子の関係について向き合う機会が増えました。特に、母親との関係はその後の人生に大きな影響を与える、とこれまでたくさんのセッションを通して実感しています。

その中には、第1章でもお伝えしたように、胎内という、ある意味では逃げ場のない環境の中で、お母さんのストレスや感情をダイレクトに受け取っていることが挙げられるでしょう。

母親との仲や、父親との仲が、あまり良くないという方々は意外にもたくさんいらっしゃいます。

そんな場合には、胎内記憶にさかのぼることで、いのちのはじまりの愛のコミュニケーションを再構築していきます。

胎内期のコミュニケーションでは、母親はワンダーベビーに愛と安心感を送ります。

逆のパターンもあります。自分自身がお母さんの立場の場合は、胎内のワンダーベビーとつながりコミュニケーションをとることで、どういう想いと目的を持って私を母親に選んだのか、どんな人生の設計図を携えてきたのかを理解していくセッションをしています。

それがわかると、かなりスッキリとした気分になられます。子育ての不安が激減していくからなのでしょうね。

自分の子どもを深く信頼できるようになりますし、可能性を伸ばしていくことができますから、子育てが数段楽しみになりラクになります。

父親との仲の再構築も、胎内へ退行したセラピーで行うことが可能です。

父親との関係性は、将来のお相手の男性像に深く関係していますので、早めにセッションを受けて癒やされておかれることをおすすめしています。


現実的に、仲が悪かったり、受け入れがたい場合だったとしても、ご自身が生まれる前に選んでいたとしたらどうでしょうか?

きっとそこには、訳があり、意味があるはずなのです。


セラピストの立場からすると、親子のご縁というのは、前世からの深い魂のご縁の場合も多いものです。生まれ変わって、何度も親子の関係を体験されている場合もあります。

前世では、母と子の関係でしたが、今回は逆になり子と母であったり、また父と子であったり兄弟であったりと、まるで配役を変えるように、私たちは生まれ変わりを繰り返しながら魂の学びを深めているようです。

そんなことまでも、胎内でワンダーベビーが教えてくれることもあります。

セッションを行っていくと、祖母や曽祖母の影響を色濃く受けておられるクライアントさんも多くいらっしゃいます。

実際に、家系的につながっている因縁のようなカルマ的なパターンを、ご自身が癒やして断ち切るようなセッションになる場合もあります。

CASE～ご本人が語る体験談～

先祖から受け継いできた信念やカルマの解放へ導かれて

Fさん（ワンダーベビーセラピスト）

ワンダーベビーセラピーを初めて受けた時に、お母さんのお腹の中で、「忙しい」というお母さんの感情が伝わってきました。

私は幼少の頃の、父と母との思い出が少なく、祖父母といつも一緒でした。父と母は、厳しい祖父母のもと、いつも忙しく働いていました。子どもながらに、祖父母がこの家で一番権力があると感じていました。

祖父母が亡くなって、母から、祖父母が厳しくて、妊娠中も出産後もゆっくり休めなかったと、とても苦労した話を聞きました。

ワンダーベビーセラピーに出会った当時の私は、いつも忙しい大変な職場に配属されていました。

「なぜ、いつも忙しい職場に配属されるのか?」「なぜ、我慢ばかりしてしまうのか?」「母の〝忙しい、我慢してしまう〟という感情を引き継いでいるんだったら外したい」と思い、セラピーを受けました。

セラピーの中で、母だけでなく、先祖代々、みんなが忙しく大変な思いで働いていたこと、我慢していたことがわかりました。その「忙しい」「我慢する」という私を縛り付けていた鎖を、ワンダーベビーと同じ経験をしたすべてのご先祖様が一同に、私のために力を合わせて、その鎖を一気に外してくれました。

こんなにたくさんのご先祖様が、私のために力を合わせてくれたことがとてもありがたくて、涙が止まりませんでした。

この経験で、私の心が一気に軽くなり、忙しい中にも、常に心にゆとりができたように感じます。そして、何よりご先祖様に毎日、いのちをつないでくれたことへの感謝を唱えるようになりました。

ワンダーベビーセラピーは、母子だけのつながりではなく、自分では意識できていない、その先のご先祖様から受け継いだものまでも変えていけることに気づき、大変驚いています。

◯後日談

この体験談を書いて、改めて気づきました！

私が○○家で唯一女性で生まれてきた意味とは何なのか。これまでは「私が○○家を変えるため」という言葉だけが出てきていたのですが、女性として生まれワンダーベビーに出会うことで、すべてのご先祖様からの因縁を根底から変えていくという意味だったんじゃないかと……。

私たち1人ひとりが、ワンダーベビーの存在に気づき、私が本来の自分に戻り目的や役割のもと生きていけたら、どんなに素晴らしい未来になるんだろう♡

考えただけでワクワクしますね！　久美子さんに出逢えて、本当に感謝、感謝です。

Fさんの事例からもわかるように、家系の情報は、生きている私たちに含有され連鎖し、影響を及ぼしているように思います。

胎内のあかちゃんは母親との愛着(attachment)を求め、母子の絆(bond)を深めたいと望んでいることがわかります。この関係性は、胎内期からはじめることが最も望ましいものです。それができたら、はじまりから幸せですね。

しかし、さまざまな要因から、不本意な関係で終わっている場合も多いのが現状ではないでしょうか。そんな場合は、大人になってからでも胎内に退行して、ワンダーベビーセラピーを行うことで再構築することが可能なのです。

歴史を振り返っても、地球上では数々の争いがありました。国単位の戦争や、もっと身近なパワーバランスや精神的な争いによっても、恨みや苦しみ、悲しみを体験し、その体験によって生まれた負の感情も親子間を通して、ときには連鎖し受け継がれているように思います。

時代が大きく変わりつつある今、もう争いのエネルギーは必要ありません。1人ひとりがみずからの意志で、外していけるといいですよね。

だからこそ、今の時期は、特に家系をクリアにするための代表としても生まれてきている人たちが多くいるように感じています。

1つのエピソードを挙げて説明しましょう。

私のサロンに、今後どんな仕事をしていけばいいのかと悩まれている、結婚したばかりの女性が訪れました。

Yさんは、ヒプノセラピーの中でも未来順行のセッションとインナーチャイルドセラピーを希望されていましたが、彼女のすぐ近くの左肩の辺りから、光の姿のあかちゃんが「早く胎内に入りたい」と待ち構えているのがわかりました。

セラピーを進めていくと、Yさんは仕事よりもまず先に、母親になることで精神的に成長をしていくことが優先的な課題であるということでした。そのためには、家系的な部分を癒やしていく必要があることがわかりました。

そして、実際にセッションを進めることで、彼女自身の準備を整えることができたのです。

セッション後、すぐに妊娠されて、女の子のお母さんになられました。

『あなたという習慣を断つ』（ジョー・ディスペンザ著）という本の中に、こう書かれています。

「古いエネルギーが波動の高い感情へ変化すると、体は感情の呪縛から解放される。あなたは地上から高く舞い上がり、これまで見たことのない景色が見えてくる。以前のようにサバイバルモードの感情に直結した視点で現実を見ていないため、それまで見えていなかった可能性がたくさん視野に入ってくる。

いまやあなたは、新しい運命の量子的観察者となった」（文献11）

古い感情を癒やし、心を解放すると体も整って、人生が加速して進んでいかれる方もいらっしゃいます。

CASE ～ご本人が語る体験談～

母親が他界されて11日目に、ワンダーベビーセラピー体験

梶山智子さん（内科医）

心地よい声に導かれながら、自然に母のお腹の中へ。

オレンジの光が差し込むあたたかい羊水に、体育座りのような格好で浮かんでいるイメージ。

その小さな背中に感じる圧。

背中に張り付いた何か。

さらにお腹の下腹部の子宮の辺りにも黒い何かを感じ、まるでそれを守るような格好で縮こまり浮かんでいる。

圧も黒いものも、本来はいらないもの。

それぞれ取り除く作業を、久美子さんのリードのもとで行いました。

代々受け継がれてきた圧、つまりプレッシャー。

お腹の中でそれらから身を守るように身体を緊張させていたんだな、身体が無意識に覚えている身体の緊張なんだ、と理解できました。

私は自由。自分らしく在っていいんだ！

さらに母も同じ想い（圧や自分を出してはいけない）を抱えて生きてきたんだ、と理解できて、母を心から赦《ゆる》し、感謝を伝えることができました。

過去にセラピストの力を借り、自身のライフストーリーを書き換えようとしたことがありましたが、身体中が緊張し、なかなか受け入れられなかった経験がありました。

この身体の反応はどこから来てるの？

その答え合わせを体感できたワンダーベビーセラピーでした。

身体は間違えない。

そして、無意識の身体への記憶は、生命としてこの世に現れた瞬間から始まり、身体に刻まれる。

だからこそ、妊娠前からの在り方、妊娠中の過ごし方が非常に大切なんだ、ということがよくわかりました。


私は内科医として、患者さんと出会います。

心身に症状が現れている状態です。

日々の暮らしの小さな選択の積み重ねが、結果、病気として現れる。

日々の暮らしを振り返ることも非常に大切。

でも生まれる前、お母さんのお腹の中でどのように過ごしたか。

そのお腹の中にいる私に出会いに行くことで、自分の意識ではどうにもできない身体に刻まれた記憶に出会うことができ、それが結果、病気の根本解決につながるということを体感することができました。

自然治癒力《内なるドクター》を応援しサポートする内科医として非常に貴重な経験でした。

母がすべてお膳立てしてくれたと思います。

お母さんありがとう。大好きです

❀　❀　❀

これは、梶山先生の2回目のワンダーベビーセラピーでした。

お母様をお見送りされてからのセッションでは、これからの生き方へ深いメッセージをみずから受け取られました。

生きづらさの大元とは？

あなたは、人生を生きづらいなと感じたことはありますか？　今も感じていますか？
また、あなたにお子さんがいらっしゃる場合、お子さんはどうでしょう。

人それぞれ、生きづらさを多少なりとも持っています。それは、人生のストレスとも言い換えることができるでしょう。
たとえば、同じ環境下で生まれ育った兄弟姉妹でも、感じ取るストレスも、生きづらさのポイントも度合いも異なるのではないでしょうか。

私は「トラウマ」という表現があまり好きではないので、使わないように心がけています。

ストレスや生きづらさを感じることは、悪いことではないと思うからです。決してネガティブなことではないと思っています。

なぜなら、進化していく過程の中で、今、癒やされる必要のあるポイントや、解決していく必要のあるクセや信念体系を教えてくれているようにとらえているからです。または、その方向性ではないことを教えてくれているのです。

つらく厳しかった経験をすると、二度と同じ思いをしないために、感情にフタをして心をかたくなにして守ろうとします。その気持ちも痛いほどによくわかります。そして、セッションを受けるタイミングを迎えられたということは、ゆるしと癒やしと手放しの時期が来たということなのだと感じています。

ここを癒やして解決していくと人生が目的に沿って、思う通りに進んでいくこと、もしくは、本心からやりたいと思う道に進んでごらん！と、ストレスを通して教えてくれているように思います。

グーグルマップ上で目的地を設定すると、ピンが立ちますよね。それと同じように、ストレスはあなたの人生がスムーズにいくために、癒やすべきポイントをピンのように示してくれているのでしょう。

1つひとつ、ストレスに向き合い、癒やしてピンを回収していく。そうすると、人生の目的地までスムーズに進んでいくことができるでしょう。

そう思うと、ストレスや生きづらさは、魂からのギフトと言えるのではないでしょうか。

ワンダーベビーセラピーの恩恵は3パターン

ワンダーベビーセラピーには、3つのパターンがあります。

どのパターンも、ワンダーベビーにつながることで、抱えている悩みの根本が解決されたり、人生がよりよくなるための道しるべとなってくれます。

ここでは、各パターンの事例とともにご紹介しましょう。

❶自分自身が胎児だった「胎内期」にさかのぼりワンダーベビーにつながる

CASE

胎内記憶の第一人者池川明先生も体験！
胎内では多くのご先祖様の応援があったのです

池川明さん（産婦人科医）

長年にわたり、胎内記憶の研究をされてきた池川先生は、本格的に胎内退行セラピーを受けられたことがなかったということから、「受けてみたい」とご希望されていました。

胎内に退行されると、すぐに「バイクの音」が聞こえてきました。当時、お父様は勤務地でバイクに乗られており、後ろにはお母様を乗せておられました。

池川先生は、お腹の中から、バイクの振動と音が聞こえていることに気づかれたのです。

それはまだ、お母様が妊娠に気づいていらっしゃらない時期のことでした。

お腹の中はあたたかくてプカプカ浮いていて、とても心地いい感じでした。

胎内の様子をお聞きすると、たくさんのご先祖様たちが妊娠中を見守っていると、驚かれていました。生まれる前から、こんなにたくさんの応援を受けているなんて！と。

そして、セッションを終えると、「お母さんに伝えたいことがある！」と直観が働き、その後すぐに出向かれ、産んでくださったお礼をお伝えされたとご連絡をいただきました。

私もとてもあたたかい気持ちになり、嬉しく思いました。

❷ご自身が妊娠中のお腹の中のワンダーベビーとつながる

CASE

進行性難病筋ジストロフィーの病を抱えながらも、妊娠、出産、子育ての夢を実現

小澤綾子さん（歌手／講演家／パラリンピック閉会式出演／キャリアアップスクール塾長）

念願だった、2020年東京パラリンピック・ラストパフォーマーになって、次は子どもを産み育てたい！と決めた半年後、めでたく妊娠がわかった綾子さん。世界的にも「進行性難病筋ジストロフィー」の病を抱えながらの妊娠出産の前例が少ない中、病院探しも大変だったそうです。

ミュージカルにも出演しており、その時はちょうど妊娠8か月頃でした。

私とのご縁は、池川明先生からのご紹介でした。最初は「ヒプノバーシング（出産準備プログラム）」をご希望でしたが、すでに妊娠8か月ということもあり、胎内記憶&イメージ療法をカスタマイズしてサポートをはじめました。

綾子さんは多くの方々に「希望」を与える存在ですから、いつもとっても明るいのですが、やはり出産に向けて、不安や心配が大きいと感じました。どうにかして勇気と元気を出していただきたいと思ったのです。

「綾子さんはアーティストだし、イメージングは向いてるわ！」と感じていたので、まずはお腹のあかちゃんと意識でつながる体験をしてもらいました。すると、想像以上にワークがご本人と相性が良く、すぐにコミュニケーションが取れたのです。

ここから、ワンダーベビーとの会話がスムーズに始まりました。

初めてつながった時、「大丈夫だよ〜！」と返ってきたそうです。

そして、「何のために生まれるの？」と聞いたら、「お母さんを守るためだよ〜」と答えてくれて、すごく感動されていました。

それはとても嬉しくて幸せな時間です。あかちゃんがお腹の中から「お母さん」と呼んでくれて、励ましてくれているのですから！

「これまで本を読んで、お腹のあかちゃんと対話する方法を知って半信半疑でしたが、伊藤先生のリードで進めてみると、本当に涙がわ～っとあふれてきて、心がつながって心の底から声が引き出されてきて、驚きました。これは本物の感覚だわ！」と感想をいただきました。

ある時、綾子さんがあかちゃんに、「伊藤先生とご縁をつなげたのはあなたなの？」と質問してみました。すると、こう答えてくれたのです。

「そうだよ～！　伊藤先生なら、僕の声をお母さんにつなげてくれるし、気持ちをわかってくれるから、僕がそうしたんだよ。だから嬉しい！」

私も、ジーンときてしまい、感謝とともに涙があふれました。

そして、出産の日まで毎日行うイメージトレーニングも、ご指導させていただきました。妊娠も出産も、お母さん1人で頑張らなくていいこと、あかちゃんとの共同作業であること、あかちゃんの生まれようとする想像以上のパワーを信じよう、大丈夫、いつものやり方で、あかちゃんと意識でつながっていこう、とサポートさせていただいていました。

「今なんて言ってる？」と、お声かけをすることで、1人ではないと安心感を与えるようにしました。

そのようにして、分娩室に入られる直前までサポートさせていただきました。

綾子さんは、和痛分娩で出産することになり、早めに入院することになりました。

理解してくださる医師や助産師さんの細心のサポートを受けながら、体の状態に合わせて少しずつ麻酔を入れていただいて、強まる陣痛に耐えながらも、最後まで自力で頑張って産むことができたのです！

ご主人もそばでサポートされていて、どんなにか心強かったことでしょう。

世界に類を見ないくらい、奇跡のような出産でした。本当に素晴らしい！

元気なかわいい男の子が誕生しました。

出産後は、新しいいのちに出会えた喜びでいっぱいでした。

そんな中、授乳も始まり、ママとして大変な日々がスタートしました。育休を取ってくださったご主人やお母様の応援を受けながらも、産後ウツが想像以上に大変だったそうです。生まれたばかりのあかちゃんのお世話をご自身ができないことにも、深く落胆されていたのです。

ご相談を受け、私はこうアドバイスしました。

「綾子さん、お腹にあかちゃんがいた時みたいに、ベビーベッドの中の息子くんにつながってみて！　きっと綾子さんならできるから」

するると、綾子さんは息子くんに意識でつながってメッセージを受け取ることができたのです。「お腹すいたよ〜、オムツ濡れたよ〜」と、感じることができたといいます。

これからも、ご自身が持っている特性を活かして、綾子さんらしい子育てを提案し応援したいと思いました。

綾子さんも、「家族の誰よりも先に息子の言いたいことに気づいてあげられて嬉しい！私にもできることがある」と、喜んでくださいました。

ご出産から数か月経った時、お約束通り、綾子さんたちに会いに行きました。

綾子さんは、電動車椅子に乗り、自分１人で、駅の改札口までお迎えに来てくれていたのです！　姿を見た瞬間、すごく感動してしまいました。

ご自宅に伺って、かわいい息子くんを抱っこさせていただいた時は、本当に感無量でした。

「生まれてきてくれて本当にありがとう」

「お腹の中にいた時から、私のこと知っているよね。地球へようこそ！」

「お母さんと一緒にやることがあるね～。お母さんを守るためにきたんだね！」

そう声をかけました。

あかちゃんなのに、まるで大人のような感じのする凛々《りり》しい男の子です。


綾子さんが、出産のために早めに入院することになられた時、色鉛筆で絵を描くイメージワークを提案しました。ほかにも、いい音楽を聴いたり、アロマを楽しんだりして、ワクワク感で過ごしていただくようにしました。

その時のワークの1枚には、家族3人で旅行して大好きな海に出かけて遊んでいるシーンの絵がありました。

そして、なんと、1歳7か月になった息子くんと一緒に、「家族で沖縄旅行に行ってきました～！」とご報告をいただきました。

「あの時に描いた絵の通りになって嬉しい！」そう喜ばれていました。

誰もが、「ムリなんじゃない？」と思えるようなことにも、どんどんチャレンジしてゆく綾子さんは、みんなの希望の光です。

ご主人は、「少しずつできなくなってきている体のことを、嘆いていてもはじまらないよ。もっと大切なことが〝ここにある〟」と、励ましてくれるそうです。

綾子さんは、「今〝ここにある〟幼い息子と一緒に生きているこの時を、大切に暮らしていけることが、幸せでありがたいです」とおっしゃいます。

そして、「自分が、無理かもしれないと思っていた出産ができたので、これからも歌と講演で、すべての人に『どんなこともあきらめないで！』との思いを乗せて伝えていきたい」と話してくださいました。

さらには、「みんながワンダーベビーに還れる世界になればいいなぁ〜」と語ってくださいました。

綾子さんの妊娠、出産、育児の様子は、想像以上に反響を呼び、国内外のメディアのニュースで取り上げられたり、多数の取材を受けてTV番組出演したりと、以前にも増して活動が広がっています。

綾子さんとご縁をいただいたことは、天の采配のギフトでした。この尊い出会いにより、たくさんの気づきと学びと感動をいただきました。

どんな環境の中でも、夢や希望を持って、自分らしい選択で未来を創ってゆく生き方をしている綾子さんこそ、ご自身で描いてきた人生の設計図を生きている「ワンダーベビー」そのものだと感じます。

綾子さんご家族の幸せな暮らしが、これからもずっと続くことを心から祈っています。

❸妊娠する前の、まだ体を持たない存在のワンダーベビーにつながる

CASE　～ご本人が語る体験談～

ワンダーベビーにより第2子の妊娠判明！

Sさん（女性経営者・ビジネスコンサルタント）

ワンダーベビーセラピーに出会い、生まれてきた目的を教えてもらうことができて感動しました。そして、私は、なんと！　お母さんに新しい生き方を教えるために生まれてきたこともわかり、不思議な気持ちになりました。

とにかく、ワクワクしながら自由に活躍したいという思いがあふれる私のワンダーベビーだったのです。これは、今の私とまるで同じ感覚でしたから、感動しました！

そして、私のところに生まれてきたいワンダーベビーから「お腹の中にくるよ」と教えられたのです。

本当にこのセッションからしばらくして、妊娠に気づきました。病院に行き診察を受けてみると、「妊娠5、6週ですね」と言われました。まさかと思い、過去のスケジュールを振り返ってみると、セッションを受けたのが、6週間前だったことに気がついたのです！本当にびっくり！

これから先の未来も知ることができて、本当に楽しみです。

CASE

「生まれてきたい！」というワンダーベビーからの呼びかけ

Fさん（会社員）

天職に導かれたいという願望を持っておられたFさん。すると、「お母さんになることで、Fさんは人生の大きな学びをしてゆくので、Fさんのもとに生まれたい」と、母体に入る前のワンダーベビーがメッセージを伝えてきたのです。

そのメッセージを受け取られたFさんは、少しの間考えられているご様子でしたが、「生まれてきていいよ！」と許可を出されました。

そして、その後まもなくタイミングよく妊娠されて、元気な男の子が生まれました。

生まれてからの子育ては、息子さんのアトピーもあり想像以上に大変そうでしたが、そんな日常の中に「子育ては自分育て」ということを実感されているそうです。

ワンダーベビーが世界へ羽ばたく！ 日本発信「ワンダーベビーセラピー」

ワンダーベビーセラピーによって、これまでもたくさんの方々が癒やされ、人生が開花され、魂の目的に向かって喜びに満ちて生きていかれる姿を見させていただきました。

そのような素晴らしい事例をもとに、池川先生のご推薦をいただいて、ワンダーベビーセラピーについて、日本とアメリカの学会で学術論文を発表させていただく機会に恵まれました。

胎内記憶の概念を活用した事例の学会発表者は、日本にも世界にもまだ誰もいなかったとのことです。これには本当に驚きました。

ついに、**ワンダーベビーが全世界へと羽ばたいた**のです。

世界中の母子の幸せのために、ワンダーベビーセラピーを役立てていきたい。

1人ひとりが生まれてきた目的に気づき、人生の設計図を開いていく方法を、ワンダーベビーと一緒にますます広げていきたいと願っています。

ワンダーベビーはあなたの生まれてきた目的のパートナー

繰り返しになりますが、あなたのワンダーベビーは、お母さんの胎内に宿った時から、すでに1人の人格と個性を持った存在です。

しかも、あなたの人生の設計図を持っています。

つまり、あなたを人生のどんな時も、あなたの意識の中から人生を先導してくれる〝**生まれてきた目的のパートナー**〟。

あなたの人生を先導してくれる優秀なパートナーなのです。

だからこそ、ワンダーベビーといつでもつながって、共に人生を歩んでいきたいと思いませんか?

CASE

目が見えるようになり、さらに天命まで開眼！

Mさん（元看護師・セラピスト）

50代後半のMさんは、義理の両親を看取り終えた頃から、視界が5分の1くらいになり、瞬目症と診断され治療を続けられましたが、5年間も改善はみられませんでした。

車の運転もできなくなっていきました。そして、歩くのも不自由になり、手足の緊張から文字を書くのも困難になっていかれたそうです。

そんな時に知人から、私のことを紹介されてセッションを受けることになったのです。

原因になっている場面に退行すると、そこは母親の胎内でした。そして「早くここから出たい！苦しい」と何度も訴えてこられました。

そこから進めてゆくと、母子の愛の交流が深まっていき、徐々に手足の緊張が緩みはじめ、心地よさを感じられるようになりました。

同じようなパターンが、幼少期も、その後も繰り返されていたので、自分自身を受容し感情の解放を行いました。

心が少しずつ癒やされてゆくと、なんと次第に瞳が開きはじめたのです。そして、今では、大きな瞳が現れています。

それとともに、体に現れていた数々の症状は消えていきました。家族との関係も、思っていることをスムーズに伝えることがラクになり、前にも増して関係が良くなりました。

体の不調が消えていったと同時に、驚くことに、Mさんの潜在能力が開かれ、これから生まれたいと願っているワンダーベビーや、小さな子どもたちの心の声、見えないご先祖様のメッセージまでも受け取れるようになったのです！

Mさんは、今回の体験と長年の看護師経験を活かして、同じように大変な思いをしている方々のために、母子の幸せをサポートするセラピストの道に進まれています。

「今回の一連のことは、悲しく苦しいことから始まりましたが、今回の体験のおかげで天命が開かれました」と話され、今ではすべてに感謝されています。

CASE

再婚に導いてくれたのは、ワンダーベビーと腕の中で看取った旦那さま

Kさん（セラピスト）

Kさんは、以前10年ほど産婦人科に勤務し、４５００人のピカピカのあかちゃん誕生に関わってこられた方です。

さらに、ご自身でサロンを持たれた矢先、ご主人の病気がわかり、半年足らずで最愛のご主人を腕の中で看取る体験もされていたのです。ご自身の経験から、サロンではご縁ある方々のために「グリーフサポート（喪失の寄り添い）」のセッションもされてきました。

Kさんは、ちょうど人生の岐路に立たれているタイミングで、ワンダーベビーセラピーセッションを受けられました。その中で、未来を見に行くことになったのですが、なにかすっきりしない感情と感覚が残っておられました。

「誰のサポートが必要ですか？」の問いかけに、「亡くなった主人」とKさんが言った瞬間、天に還られたご主人を感じて、感動の場面となりました。

そこから、第2の人生となる再婚への未来を開いてゆく準備のための癒やしが起こり、素晴らしい光に満ちあふれる未来への扉が開かれたタイミングとなりました。

それがちょうどライオンズゲートの日8月8日だったことも、忘れることができない記念日となったようです。

今では、自然あふれる豊かな土地で、「24時間幸せです！」と言われる、第2の人生を送られています。

第4章

楽園地球は
あなたの中に

未来記憶をひも解く

ワンダーベビーが自分の人生の設計図を携えているのなら、未来の情報も知りたいときっと思われるのではないでしょうか。

未来の情報、つまり「**未来記憶**」を、ワンダーベビーセラピーで見に行くことができます。

ワンダーベビーセラピーでは、「未来記憶」という言葉を使います。

潜在意識の領域では、過去・現在・未来は、同時に存在していると考えられています。実際にヒプノセラピーを行うと、意識は、過去から未来まで自由自在に移動することができます。

ワンダーベビーセラピーでは、生まれる前に描いて設計してきた未来の記憶を見に行きます。それは自分で描いている、未来のシナリオのことです。

「未来記憶」は、すでに意識の中に存在しているととらえてセッションを進めていきます。

生まれる前に大まかな人生設計をしていることを前提に、クライアントさんのいくつかの未来を見に行くと、さまざまな未来の展開を話しだされます。

多くの方の未来記憶には、共通点があります。

その大まかなキーワードが、「愛の実践」「平和な未来へ」「家庭を大切に」「地球を癒やす」「美しい地球に」です。

私はこれまで、ヒプノセラピーの1つとして前世療法も行ってきたのですが、人は肉体を離れる時、多くの場合は、〝こころ残り〟を持ったままその人生を終えていきます。

だからこそ、ほとんどの方が輪廻転生を繰り返してきたのでしょう。

今回生まれ変わったら、その〝こころ残り〟を解消するべく、今度こそこんな人生を送りたい、リベンジしたいと願う方も多いです。中には、激動の人生を送ったから、次の人生は安心できる家庭を作って穏やかに暮らしたいと希望されることもあります。

ワンダーベビーセラピーにより、今回の人生設計を思い出されたクライアントさんの中には、特別な職業で成功して有名になるというようなプランではなく、「普通に仕事をしながら、ゆとりをもって自然と一体となる体験を通して喜びを得るような平凡な人生」という設定をされている方もいます。

私たちはそれぞれの転生の中で、次の人生でそれぞれの「**楽園地球**」を創造したいと思い描いて生まれてきています。

これまでセッションをさせていただきましたが、地球が困るようなことや、苦しむような人生を選んだという方には、1人も出会ったことがありません。

誰もが本当は、ワンダーベビーのパワーを発揮して、楽しくワクワクの心で創造する楽園地球を望んでいます。

私の孫娘は、1歳半の時、母親の携帯電話を手にして、みずから文字を打ち出したのです。それだけでも驚きなのですが、そこには「平和のために……」という文字があったそうで、すぐにその画面の写真が送られてきました。

それを見て、「この子は、平和な未来を創りたくて生まれてきた子なのだ」と、深く感動したものです。

その出来事に衝撃を受けた私は、すぐに「宇宙キッズサミット」をオンライン開催することに決め、国内外から多くの方々にご参加いただきました。

そこでは、驚くようなエピソードを持っている宇宙キッズの話にみなさんが釘付けになりました。

その時、ゲスト出演してくれたのは、長野県でフリースクール「にじいろのはな」を運営している木下さん親子です。現在12歳になる、木下晴太君(はるちゃん)が校長先生をしています。

生まれる前にお母さんを選んだ理由は「お母さんを笑顔にしたい！　そして、お母さんと一緒に新しい地球の学校を作るため」でした。胎内記憶と宇宙の記憶も持って生まれてきているはるちゃんは、大人たちの相談に、大人以上のアドバイスをしてくれるのです。

まずは、自分を大切にして、自然環境と地球を守りたい、子どもたちを自然環境の中で自由に育ててゆくなど、大人顔負けのビジョンと行動力も持っています。

そのように、平和のために、世界のために、環境のために、地球のために……という目的を持って生まれている子どもたちが、今増えてきています。

ワンダーベビーは、とても美しく純粋な意識です。そして、宇宙全体の壮大なビジョンの一部として、1人ひとりの楽園地球を思い描いて生まれてきています。

未来記憶をひも解くと、自分がどんな楽園地球を描いてきたのか、思い出すことができるでしょう。

CASE　～ご本人が語る体験談～

一緒に未来型のフリースクールをつくる。息子は、子どもの頃に亡くなった兄の生まれ変わりだった！

井上聖子さん（中学校教頭）

私は小学2年生の時に、1つ上の兄を水難事故で亡くしている。

兄が事故で亡くなる前夜、「はさみ取って」と兄に言われたのに、「いやー」と言って、兄の言うことを聞かなかった私のせいだと、大人になるまでずっと思っていた。

ワンダーベビーセラピーで、私が選んだテーマは、「私は何のために生まれてきたのか」「なぜこの家族を選んだのか」である。セッションでは、母のお腹の中へ戻った時、前が明るくて後ろが暗く不思議な感覚だった。母を選んだ理由は、優しいこととお空の上から見たらきれいだったこと、何より芯の強さもある人だったからだ。

兄がまだ1歳にもならないことで、育児の大変さに不安や心配を抱えているのが伝わってきた。それ以外にも、母は7人家族の中で家事も仕事もこなしていたため、大変さがお腹の中から伝わってきて、ワンダーベビーの私は息苦しくなった。

癒やした後は、ピカピカの身体になり、ワンダーベビーである私の身体が光っていることに気づく。けれども、お腹の中にはまだ少し暗さが残っており、その暗さの正体は、なんと、母の寂しさだった。

それが母の魂なのか、母の細胞に刻まれた記憶なのかはわからないが、とてつもない寂しさが伝わってきた。小さな細胞でありながら、兄が亡くなるその時に、母の寂しさを取ってあげたいと感じている私がそこにいた。

ちょうどその瞬間、目の前に小学校3年生の兄が現れた。

兄は、お空の上で私と約束していたことを話しはじめた。

「やりたかったことがあるだろう。もし、道を間違えようとしたときは教えるから。教え方は息子（21歳になる私の息子）の言葉を通して伝える」と。

ワンダーベビーである私は、兄の言葉ですべてを思い出した。

兄を失くすであろう、父母の悲しみを癒やすことが、私の役目だった。だからこの家族を選んだのだ。そして、何よりも亡くなった兄は、私の息子であることを伝えてきた。

ハッ！とした。そう言われてみれば、息子が5歳の時に作ったパスポートの写真は、幼少期の兄の顔とそっくりで鳥肌が立ったのを覚えている。


セッションで、近未来を見に行くことになると、学校現場で命の話やワンダーベビーの話をしている自分の姿が見えた。

簡単なセラピーのワークもやっている。公教育の学校現場でやりたかったことに気づく。体と心はつながっていることや、1ミリ未満の受精卵から私たちの体は大きくなっていくこと、命は連綿と受け継がれること、魂はその記憶を知っていることなどを伝えている私がいる。両親や兄弟姉妹、祖父母など家族はみんなソウルメイトで、つながっていることをずっと伝えている。

私を手伝っている息子の姿も見えた。

公教育とは別の場所で、学校に行けなくなった子やそのお母さんたち、生きるとは何かを知りたい子どもたち、遊びを通して元気になりたい子どもたち、自分を取り戻したい子どもたちが自由に来れる場所を作ろうとしている私がいる。

このセッションから覚めた時には、とても静かで穏やかさに包まれた私がいた。

私はこの話を母にこっそり話しており、フリースクールを立ち上げたいことや兄のこと、母を助けたかったことも正確に伝えた。

ワンダーベビーセラピーから、1週間くらい経った頃と思うが、松尾さんという父の友人が、私のことを気にかけてくれていて、「これから聖子ちゃんは(この家を)どうするの?」と言うので、「未来型のフリースクールを作りたい」と話した。

私の実家の横は350坪の大きな畑で、その先はご近所さんの畑である。父は二十数年前、そのご近所さんに大きなお金を貸したけれども返せないということで、畑を担保に数年前にもらっているが、土地の名義はご近所さんのままである。86歳になる老いた父をみて、私たち家族は、半ばあきらめにも似た気持ちで、もう何十年も過ごしていた。

フリースクールと土地の話を聞いた松尾さんは、建設会社の社長である。松尾さんはすかさず1人の土地行政書士を教えてくれた。

なんと、何十年も動かなかった土地が、父の名義になりそうなのである！

ワンダーベビーセラピーのセッションからまだそう日が経っていないのに、私はこのセラピーがそれぞれの人生の設計図をひも解いてしまうことに気づいたのである。

それから2か月後、仕事に明け暮れていた頃のことである。

松尾さんが「設計士見つけた？　早く決めないと100年経っても土地は動かんよ」と笑いながら、両親に1人の設計士の名前を書いて渡してくれた。

その設計士の名前は、私がセラピストを師範した久美子先生と同じ名前の設計士さんだったのだ！　もう笑うしかない。

こうやって、勝手にフリースクールを作る流れが出来上がってしまっている。何でも、向こうからやってくるのだ。

ワンダーベビーは、その人の本当の魂の道を教えてくれる。まぎれもなくあの日から、私の人生が動き出したのだから。不安はあるけれども、私は私のワンダーベビーと共に本当にやりたかったことをやっていこうと思う。兄との約束と、たくさんの子どもたちの笑顔を見るために。

人生の設計図は描き換え可能？

「自分の今回の人生の設計図を描き換えることはできますか？」という質問をよく受けます。あなたもできることなら描き換えてみたいと思っているかもしれませんね。

結論から言うと、**描き換えはできる**と思っています。今回の人生の設計図は、大まかな設定になっているからです。

たとえば、人生のこの辺りの年で魂の伴侶と出会う、と設定していたとします。その通りに結婚し、この人とずっと一緒に生きていこうと思っていましたが、さらなるレベルアップを目指して、別のルートを経験したいと願ったとしたら……。

その場合、離婚という選択をすることもあるでしょう。

ほかにも、「地球環境を良くしたい！　このことが自分の運命の道なのだ！」と心に誓っていたとしても、ある時、偶然な出会いから陶芸の道に導かれて、現在は自然に囲まれた環境の中で、地域に根差した陶芸家になられている方もいらっしゃいます。

さらに、生死に関わる大病を乗り越えて、生まれ変わったかのように、まったく違う人生を選択して輝きはじめるというケースもありました。

そう考えると、目の前に起きてくることはすべて、自分の設計図に描かれていることであって、その現実に取り組んで乗り越えていくことで、設定をクリアできるということだと思うのです。

現実に悩み苦しみ、翻弄《ほんろう》されるよりも、「私の人生、今度はこうきたか！」「なんだ、私はこういう計画を立ててきていたんだ」と受け入れるほうが、人生はスムーズに好奇心を持って進んでいくことができるのではないでしょうか。

ワンダーベビーセラピーの個人セッションで、クライアントさんみずからが、自由に設計図を描き換えるのをサポートしたことがあります。

実際に現実がどう変わっていくかは、ご本人次第でもあります。さまざまな要因がありますが、人生の舵とりをするのは、「今を生きる私」です。ですから、今の自分が望むように方向転換して進んでいくのがいいのではないかなと思っています。

私の肌感覚では、人生の設計図のうち、**50%くらい**を設定してきているのではと思います。残りは、いく通りもの選択肢が用意されていて、そのときの選択により進んでいくように思います。ざっくりと大まかなところだけ決めているのではないでしょうか。

そう思うと、私たちの人生は自由ですよね。私たちには「自由意志」が与えられているので、生まれてきた目的に向かって、自由に運命を動かしながら、天命へと導かれていくのです。

未来を生きる子どもたちの生まれてきた目的

第2章ですでにお話ししましたが、私には2人の子どもがいます。娘も息子も、小さい頃から磨いてきた才能を活かした仕事をして、充実した日々を送っています。

私自身、当時はそんなに理解のある成熟した母親ではなかったのですが、子どもたちの進みたい道の邪魔はできるだけしなかったように思います。子どもたちが素直にやりたいと思うことは、挑戦できるようにサポートしていました。

この2人に共通していたのは、「飽きない」ことです。振り返ってみると、1度も「イヤになった」と聞いたことがありません。

もちろん、好きなことを職業にして、究めて進むには紆余曲折あるようでしたが、自分が持っている才能の分野では、飽きたことがない、飽きるどころか自分の道を究めるのが楽しいと言います。どれだけでも打ち込めるのでしょう。

そのように、自分で選んだ飽きない道を進むことによって、それぞれの希望に満ちた楽園地球を実現していけるのだと思っています。

本書を読んでくださっているみなさんの中には、親の立場である方も多いかと思います。親としては、子どもたちには自分の人生を「生まれてきてよかった」と思える人生にしてほしいと願っていることでしょう。その思いは、子どもがいくつになっても変わりませんよね。子どもたちが自分で思い描いてきた人生の目的に沿って歩めるように、そっと見守っていきたいものです。

胎内記憶を話す子どもたちが現れるようになった頃は、「お母さんを笑顔にするために生まれてきた」と話す子たちが多かったように思います。
最近は、「地球を美しい星にするために生まれた」「地球を癒やすために生まれてきた」「愛と平和を広げるために生まれてきた」など、スケールが大きくなり、社会的なビジョンになっているようです。

胎内記憶を持つ子どもたちとたくさん接してこられた池川先生は、講演会の中でいつもこのように話されています。
今の時代の子どもたちの生まれてきた目的には、3つのミッションがあるらしいのです。

1・ベビーミッション「お母さんを笑顔にする」
2・セルフミッション「自分の生まれた目的を実現する」
3・ソーシャルミッション「世の中のために貢献する」

この3つのミッションは、1から順にクリアしていくといいます。つまり、1のミッション「お母さんを笑顔にする」ことがクリアできなければ、先に進むことが難しいようです。せっかく人生を設計してワクワクしながら生まれてきたのに、1つ目のミッションがクリアできずに進めないとは、かわいそうですね。

だからこそ、子どもたちは「お母さんを笑顔にする」ために、一生懸命頑張っているのです。思い出してみましょう。きっと、私たちも子どもの頃は、そうだったのではないでしょうか？

これはなにも、今の子どもたちだけが持っているミッションではありません。大人の私たちにも当てはまりますね。

お母さんを笑顔にさせることがクリアできず、そのまま大人になってしまうと、母親との関係に鍵がかかってしまい、インナーチャイルドは傷ついたままになります。そうすると、なかなか自分の目的を実現するためにスムーズに進めないという状況になってしまうのです。

私が、インナーチャイルドセラピーをよくしていた頃は、この癒やしのケースがとても多かったのを覚えています。

もしすでに母親が他界していたとしても、高齢でなかなかコミュニケーションをとることが難しい場合でも、どうぞ安心してください。

ワンダーベビーセラピーで、母子間の深い癒やしは可能です。今からでも、母子のきずなを再構築し、愛の交流を実現して、お母さんを笑顔にできるのです。

あなたが胎内にいた時に、お母さんが1人で悲しかったりつらかったり、何かに悩んでいる様子であれば「心から応援しているよ！」「お母さんは1人ではないよ」と、愛を送ってあげる。そのようなコミュニケーションがとれると、きっとお母さんは癒やされて笑顔になれますね。

セッションの中では、深層意識のつながっている領域の中で、お母さんの意識の中に入り、お母さんの本音や本心を知ることもできます。

この一連の流れは、胎内期のことなので、インナーチャイルドが誕生するよりも過去のことです。ここが、ワンダーベビーセラピーの素晴らしいポイントだと思っています。

お母さんのお腹の中から、お母さんを笑顔にしてあげることができる。そして自分もお母さんを応援することで笑顔になれる。

純粋な愛のコミュニケーションを、胎内から取り戻していくことが、ワンダーベビーセラピーによってできるのです。

これができると、きっと、ベビーミッションを綺麗にクリアすることでしょう！

未来を生きる子どもたちは、私たち大人に進む道を教え示してくれています。だからこそ、こんなにも胎内記憶を話す子どもたちが増えているのでしょう。

子どもたちが胎内記憶を覚えたまま生まれているのには、いくつか理由があると思います。

（1）持って生まれた才能に気づいてほしい
（2）生まれてきた目的に向かって進むことを見守っていてほしい
（3）母親を想う愛の大きさに気づいてほしい
（4）すべての人がワンダーベビーとして生まれてきていることを自覚してほしい
（5）大人の中にも「生まれてきた目的」が内包されていることに気づいてほしい

そう、未来を生きる子どもたちは、大人に気づきを与えるために生まれてきてくれています。

アメリカの学会「ＡＰＰＰＡＨ（出生前周産期心理学協会）」の国際会議でもお話しさせていただきましたが、未来を生きる子どもたちのことを考えるとき、なによりも先に、妊娠中の女性や産後のお母さん、子育て中のお母さんを取り巻く環境が、もっと安心できて優しくなるように整えることが急務だと思っています。

そして、世界中の同じ思いの方々とつながり合いたいと願っています。

妊娠中のストレスは、想像以上にこんなにも胎内期の環境に影響を与えるということを、数多くのセッションの中から、そして、活動や学びの中で深く感じてきました。ましてや、世代を超えて負の連鎖のように受け継がれていく可能性もあるのですから……。

お腹の中に、地球の未来を創ってゆく子宝が宿っているのです。ですから、健やかな妊娠期間と幸せなお産、ゆとりある子育て期間を準備してあげることがとても大切です。

お母さん1人の努力では、どうにもならないことが多いのです。

社会全体で、母子の幸せを考えてゆくことが必要です。

このリアルな知識が、世の中に広まることを心から願っています。

特に、今のこの時代を選んできている子どもたちの中には、何度も生まれ変わりを経てきた古い魂の存在も多くいるようです。また、他の星から転生してきたと話す子どもたちも、実に多いのです。そのような子どもたちは、ミッションを持ち、胎内記憶、つまり天命を明確に覚えて生まれてきている子が多くいます。

だからこそ、子どもたちがミッションをクリアして、生まれてきた目的を果たしていけるよう、この子たちのためにも大人たちが目覚めて「楽園地球」への準備をしていく必要があると思うのです。

「新時代を生きる子どもたちのために」と、指針を向けて活動をすることは、結果として大人たちにも優しい環境になりますし、地球の環境もよくなることばかりです。

やはり、子どもたちが、大人たちを導いてくれているのですね。

CASE

世界で上位2%以内のIQを持つギフテッドのお子さんの変化

Nさん（看護師）

全世界で上位2%以内のIQを持っている人たちの団体で、イギリスに拠点を持つ「MENSA（メンサ）」に、小学校4年生の時から加入しているS君のお母さんNさんが、個人セッションを受けられました。Nさんは長年看護師をされています。

S君は小学校低学年の頃、ノートも取らず何もしないのに勉強ができて100点をとることから、クラスでいじめにあっていました。お母さんはスクールカウンセラーに相談すると「IQが高いので今の環境が合っていないのかもしれない」「高IQの発達障害かもしれない」とアドバイスを受けました。

そこで、公式のWISC-Ⅳというテストを受けたところ、IQがずば抜けて高くて、高IQの発達障害ということがわかりました。

校長先生に相談してみると、「支援クラスにはぴったりのところがない」「適したところがない」という返事でした。

S君は、「みんなと一緒に学ぶのがつらい」と、孤独感がつのる一方でした。お母さんとしては、「S君の学力を伸ばしてあげたい! S君を守っていく!」と気持ちがつのります。

S君は、1歳半から普通に大人たちとしゃべり始め、1歳7か月の頃には、歌を1曲フルコーラスで歌うことができていました。また、電車の中の広告もスラスラ読めて、周りの人が驚くほどでした。

Nさんはワンダーベビーセラピーを受けることになり、S君を妊娠中の頃に退行してゆきました。

S君がお母さんを選んだ理由は、「自分のやりたいことを許してさせてくれる。のびのびとさせてくれる。自分のままでいることができるお母さんだから」ということでした

Nさんは、個性的なS君をすべて認めて育てているけれども、心の中には不安も大きかったといいます。すると、お腹の中のS君から返ってきた言葉は、「決めたビジョンがある」でした。

Nさんは、「私が不安だからSも不安なんだ」「私が不安だから、思うままに行動していいのだろうかと不安になっているんだ」と気づかれました。

セッションを通して、Nさんは「Sはビジョンを決めている」と意識を変えました。そして、愛や思いやりのスキンシップの表現方法として、アロマケアもお伝えしました。

Nさんが意識をすっかり変えたことで、現在のS君は、中学2年の3学期から交流クラスに入れるようになり、そこから少しずつ学校に行くことに慣れてゆき、支援クラスにもなじめるようになっていきました。

今では、S君の生活面も含めた変化に、すべての教員が驚いています。

学校に通えなかった時期も多かったのですが、勉強しなくてもテストでは点数が取れてしまうので、今では高校受験も目指せるようになっています。

「Sは着実に成長しています！」と、Nさんは安心した笑顔で語ってくれました。現在のS君のご様子をお聞きして、私も今後の成長を楽しみにしております。

CASE ～ご本人が語る体験談～

助産師さんが体験した
母親のあたたかな愛に包まれている受精卵の記憶

大橋美琴さん（助産師）

久美子先生の、優しく心地よい誘導で導かれていく。

意識が体の奥、私の奥の意識につながっていく。


0歳から胎内へと導かれると、私は着床する前の受精卵でした。

母の子宮に着床する前、母のところにこれることに、嬉しい気持ちを感じました。

嬉しい気持ちの中、母の子宮から私である受精卵をあたたかく包み込んでくれました。

母の意識は、まだ無意識ですが、全力で受け入れて、守ってくれて、母の血液があたたかく、
私全体を愛で包み込んでくれました。

愛のあたたかさに、幸せな気持ちになりました。

着床する前から着床時は、まだ妊娠したのか気づいていない時期です。

着床時の母は、無意識で無償の愛を捧げてくれました。

私は、嬉しくて幸せな気持ちを体験し、感じました。

この、愛があたたかくて、幸せな気持ちになる感覚を、子どもから大人の人、すべての人に気づいてほしい、笑顔になってほしいと思いました。

まずは、身近な家族を、笑顔と愛で包み込める自分になりたいです。

同じ想いの人たちとつながっていく時

ワンダーベビーセラピーを受けられた方のほとんどが、ご自分の生まれてきた目的に気づかれていきます。そして、母親との愛の交流が起きて、鉄のように硬かった壁がまるでバターのように溶け出していく方も多くいます。

なにより、深層にある胎内記憶が持っている人生の設計図が開かれると、新しい出会いや奇跡と思えるような出来事、ベストなタイミングを引き寄せる方が多いのです。

それも別段、特に努力をせずに、やすやすと進んでいかれます。

これは何を意味しているのでしょうか。

それこそ、生まれる前の約束がひも解かれて、「だれと・どこで・どんなことをする」という情報が開かれているということのようです。

つまり、生まれてきた目的のパートナーであるワンダーベビーが、計画通りに新しい出会いへ導き、新しい世界へ連れていってくれるのでしょう！

たとえば、自分の才能を活かす仕事に巡りあいたいと思っている人には、そのチャンスの場所にワンダーベビーが連れていってくれることもあるでしょう。または、パートナーを探している人には、お相手とベストなタイミングで出会うようにワンダーベビーが導いてくれることでしょう。

さらには、あなたの中に癒やしが必要な記憶があるのなら、それに気づいて癒やされるような展開へと導いてくれます。

そう考えたら、誰かや何かに答えを求めるよりも、あなたの中のワンダーベビーを頼りにするのがベストだと思いませんか？

ワンダーベビーは、あなたの細胞の中の意識として今も存在しているのですから。

ワンダーベビーは、「**1人ひとりの楽園地球**」を描いています。

私の場合は、胎内記憶を活用した事例を発表し、論文を執筆し、本書を書いて、世界中の多くの母子の幸せのために貢献することが目的です。そして、人々の意識の目覚めに役立ちたいと決めてきたのでしょう。

そのような楽園地球が実現するようにワンダーベビーが導いてくれているのだと思います。おかげさまで、同志といえる同じ想いの方々とつながることができています。

「**すべての人が、みずからのワンダーベビーにつながること**」

これは、私のワンダーベビーが生まれる前に描いてきた楽園地球でもあり、みなさんすべてのワンダーベビーが望んでいることです。

生まれてきた目的のパートナーであるワンダーベビーと共に、それぞれの生まれてきた目的を思い出して、楽園地球を創造していきましょう。

特典

生まれてきた目的を思い出したいあなたへ贈る8ステップ

ここからはあなたのワンダーベビーとつながり、生まれてきた目的を思い出すための簡単なセルフワークのポイントをご紹介します。

ＱＲコードを読み込んでいただくと、特典として、特別な愛の周波数の音源と、伊藤久美子の音声によるワンダーベビー誘導ワークを体験していただけます。

それでは、はじめましょう。

愛の周波数（528Hz）
音源付き誘導ワークは
こちら→

STEP1：まずは場を整えよう

あなたのワンダーベビーとつながるための、準備から始めます
いつも忙しいあなたにとって、リラックスするための余裕のある時間の確保が必要です
静かな環境を保つための場所を用意します
軽く横になれるスペースを確保します
ドアホンや携帯電話など、音の鳴るものをオフにしましょう
体の上にブランケットなどを掛けるようにします
必要な方は、場の浄化も行っておきましょう

〜音声はSTEP2からはじまります〜

STEP2：簡単なセルフメディテーションの方法

軽く目を閉じてください
ゆったりとした呼吸を繰り返します

いつも忙しいあなたは
今日は、ゆったりと呼吸を感じながら
どんどんリラックスしていきましょう

もっともっとリラックスしていきましょう

日頃は、いっぱい使っている頭にも休息を与えてあげましょうね

STEP3：懐かしいぬくもり　お母さんのお腹の中へ

あなたは、幼い頃のことを何歳頃まで覚えていますか？

さぁ～、ゆったりとした呼吸を感じながら
幼かった頃のことを思い出していきましょう

心も体も安らいでいます

今、あなたは何歳なのでしょうか

あなたは、どんな表情をしていますか

では、そこからもっともっと幼い頃に戻っていきましょう

そこからどんどん過去に戻っていきます

あなたは、お母さんのお腹の中にいた頃に戻っていきます

お母さんのお腹の中は、どんな感じでしょうか

STEP4：ワンダーベビーとはじめて出会おう

あなたのことを「ワンダー ベビー」とお呼びしますね

ワンダーベビーの感じ方は、どんな感じ方でも大丈夫です

※人により感じ方は、さまざまですがそれでいいのです
あなたが感じ取っていることを信じて進めていきましょう
セルフワークに慣れてゆくと、感じ取りやすくなっていきます

STEP5：はじめての会話

それではここから
お母さんのお腹の中を感じていきましょうね

ワンダーベビー、あなたは今、どんな気持ちを感じていますか

お母さんを、この人にしようと決めたのはどうしてですか

お母さんは、妊娠に気づいていますか

地球に生まれるのは何回目でしょうか

あなたは今回、どんな目的を持って
生まれてこようとしているのですか

STEP6:ワンダーベビーに聞きたいことを伝えよう

あなたからかけたい言葉があれば伝えてください

ワンダーベビーと話し合って

今のあなた自身を軽やかにしていきましょう！

それが、ワンダーベビーの願いであり望みなのです

STEP7：毎日続けると人生が激変するセルフワーク

STEP6で行いましたが、音声を聴きながらセルフワークを継続して行うことはまるで薄紙を剥ぐようにつながりを深めます

毎日時間を取ってワンダーベビーとつながる時間を持ちましょう

ワンダーベビーは

あなたの人生を望む方向に進めたがっているのですから

あなたからのアクセスを望んでいます

STEP8：もっとうまくつながって人生を変えてゆくマル秘テク

あかちゃんの頃の写真をお気に入りの写真立てに入れて
いつもあなたが使っているデスクやテーブル、棚などに飾ってみませんか？

そして、日々の生活の中で何度も目を合わせましょう

「ワンダーベビー　生まれてきてくれてありがとう」
「ワンダーベビー　この人生を選んでくれてありがとう」
「ワンダーベビー　この体を選んでくれてありがとう」

習慣化のために、時間を決めておくのも有効的です

たとえば、朝起きてすぐ、寝る前、お風呂の中など

潜在意識につながるアイテムとして
決まった音楽（ヒーリング系）、香り（アロマやハーブ、お香）など
ご自身にふさわしいアイテムを活用しましょう

ワンダーベビーは
あなたの生まれてきた目的のパートナーです
あなたからのアクセスを楽しみにしています
あなたの中の細胞の記憶がよみがえるスイッチが活性化して
あなたの進む道が、より鮮明になってくることでしょう！

おわりに

ここまでお読みいただき、ありがとうございます。

私は、いつかタイミングがきたら、本を書くことになると思い描いていました。

今回、想像もしていなかった奇跡的なことが続いて、ベストなタイミングに、この本を書き上げることができてとても嬉しく思っています。

天命に沿って生きるとき、思い描いたことが加速して現実化してくるようです。

本書では、大人の胎内記憶を人生に活用していくワンダーベビーセラピーの有用性と、実際にセッションで起きた数々の事例を書かせていただきました。

これまでの胎内記憶に関する書籍は、子どもたちに聞き取りをした内容が多いと思うので、このような大人視点からの本は、まだ世の中にないか、または数少ない書籍になると思います。

今回事例には挙げていませんが、お母様がワンダーベビーセラピーを受けることにより、思春期のお子様の体調が回復していかれるケースも起きています。母子のつながりの影響は、胎内期はもちろんですが、その後の人生に与える影響が計り知れず大きいことがわかります。そして、いつからでも記憶をさかのぼり必要な癒やしが起きると、現実の状態が好転していかれる可能性があります。このようなケースについても、今後の研究課題にしていきたいと考えています。

人生って、思っているより短いものなのだなと感じるようになりました。
まずは自分自身を労り、誰よりも優しくかわいがってあげようと思います。

ワンダーベビーが喜ぶ生き方をしていると、すれ違う人、友人、周りの人がぴかぴかの光のワンダーベビーに見えてきますから、不思議なものです。

すべては内側から、自分発信です。

楽園地球を描いている内側の最もピュアな意識のワンダーベビーは、人生をあなたらしく好転させる鍵《マスターキー》を持っています。

これからは、ここの意識で生きる時代になります。

私の場合は、物心ついた頃からなぜか惹《ひ》かれる、〝母子の幸せ〟がここまで導いてくれました。思い出されるのは、小さい頃からお母さんの仕事が大好きすぎて、どうしてこんなにも好きなのだろうと思って、いつも〝小さなお母さん〟をしていました。

その感覚は、ずっと今も続いているから不思議です。

そして今は、大宇宙の大きなお母さんとつながっている感覚があります。

幼少期の頃のこと、ある時、こう感じたことを鮮明に覚えています。

「体の中にいるのはなんって窮屈なんだろう〜。体が動かしにくい……。ここに来る前は、いろんなところを自由に飛び回ることができたのに……」

あんなところもこんなところも、自由に飛んでいたと、高いところを見上げては懐かしく感じていたものです。

しばらくすると、その感覚はもうなくなっていました。

今思えば、私のワンダーベビーだったのでしょう。

本書をお読みくださっているみなさんも、小さかった頃をイメージしてみてください。きっと、さまざまな感覚や記憶がよみがえってくると期待しています。

特典プレゼントの音声をＱＲコード（Ｐ２１０）から読み取っていただいてお聴きいただくと、

ご自身のワンダーベビーとつながりやすくなることでしょう！

収録している音源は、ワンダーベビーのために制作してもらった愛の周波数の音源です。今回、音楽家の息子に協力してもらいました。

親子で一緒にワンダーベビーの音源を制作するなんて、まったく想像もつかなかったことです。

人生って本当に、未知に満ちていて、〝生きている〟って冒険です。

最後に、何を書こうか？と思っていたら、以前に録音していたボイスメッセージを見つけました。

本を書いたときのためにと、録音しておいた音声でした。

「書籍のおわりに書くメッセージ」と、タイトルまでつけていました。すっかり忘れていましたが、今も同じ思いだと感じるので、そのままを書き写しますね。

こんなメッセージです。

このような激動の時代、新しい地球が生まれるという時代に
ワンダーベビーセラピーが誕生し、お役に立つことが私の幸せであり祈りです。

そして、あなたの中のワンダーベビーが顕現化し
おもてに表れることを心から楽しみにしています！

みんなで楽園地球を創っていきましょう。
そんな方々が、どんどんこの本を通して増えていくことを望んでいます。
たくさんのワンダーベビーとつながりたい。
世界中にワンダーベビーセラピストをたくさん生みだしていきたい。

あなたが、ご自身のワンダーベビーと共に、生まれてきた人生の目的に気づいて、あなたらしく楽しくよろこびの人生になっていかれますように。

ここまでくるにあたり、1人では到底できないことばかりで、いつも誰かのお世話になりました。1つひとつを思い出すと胸がいっぱいに熱くなります。

私の活動を知っていただき、あの時、発表の機会のお声かけをいただいたことから始まりました。池川明先生は、天命に導いてくださった恩人です。ありがとうございました。

本の帯のメッセージを書いてくださって、お姉さんのように感じている助産師の岡野眞規代さん、ありがとうございました。

事例を執筆するにあたり、20名のみなさま、うち8名は実名で、快くエピソードを掲載させてくださったことに、心より感謝しております。

今回、出版を引き受けてくださった出版社さま、ワンダーベビーの可能性を感じてくださっているニューワールドプロデューサーの山本時嗣さん、そしてチームの方々、編集の澤田美希さんに、大変お世話になりました。ありがとうございました。

身近であたたかいご縁をいただいている『ラ・ミューズ』のハートフルな仲間たちに、自由な私をどこまでもあたたかく見守ってくれている家族に、そして私にいのちを授けてくださり、試練というギフトを与えてくださった父母に心から感謝しています。

2人の子どもたち、あなたたちが私を育ててくれました。心を込めてありがとう。

最後に、ワンダーベビー、あなたに無限大の感謝を捧げます。

伊藤久美子

引用・参考文献

1. 『胎内記憶　命の起源にトラウマが潜んでいる』池川明 著／角川SSコミュニケーションズ
2. 『胎児は見ている　最新医学が証した神秘の胎内生活』トマス・バーニー 著、小林登 訳／祥伝社
3. 『インナーチャイルド　本当のあなたを取り戻す方法』（改訂版）ジョン・ブラッドショー 著、新里里春 訳／NHK出版
4. 『胎内記憶　バース・トラウマの秘密』七田眞、つなぶちようじ 共著／ダイヤモンド社
5. 『胎児は知っている母親のこころ　子どもにトラウマを与えない妊娠期・出産・子育ての科学』トマス・バーニー、パメラ・ウェイントラウブ 共著、千代美樹訳、日高陵好 監訳／日本教文社
6. 『スイッチ・オンの生き方』村上和雄 著／到知出版社
7. 『BASHAR 宇宙存在バシャールからのメッセージ』バシャール、ダリル・アンカ 著／ヴォイス
8. 学会誌『催眠と科学』第37巻「胎内退行療法が著効した女性の一例～胎内記憶が教えてくれるワンダーベビーとの対話」伊藤久美子 著／日本催眠学会
9. Ito, Kumiko. "Prenatal Memory Therapy — Wonder Baby Therapy: Dialogue with Wonder Baby." Journal of Prenatal and Perinatal Psychology and Health, vol. 38, no. 2, 2024, pp. 72-80. Summer. ／トマス・バーニー博士設立APPPAH（出生前周産期心理学協会）
10. 『「思考」のすごい力　心はいかにして細胞をコントロールするか』ブルース・リプトン 著、西尾香苗 訳／PHP研究所
11. 『あなたという習慣を断つ　脳科学が教える新しい自分になる方法』ジョー・ディスペンザ 著、東川恭子 訳／ナチュラルスピリット

伊藤久美子

Kumiko Ito

長女を出産後、不慮の事故に遭い体を壊したことをきっかけに自己探求がはじまる。

その後、みずから見つけた自然療法により回復していくプロセスを体験した。このことが“生まれてきた人生の目的”に導かれるための気づきのプロセスだったと気づき、現在の仕事の基盤となる。その後、ヒプノセラピー＆アロマセラピーのスクールを約20年主宰し、5000人以上のセッションに関わってきた。

2013年伊勢神宮遷宮の年、はじめて内宮を参拝したと同時に、いのち誕生の奇跡と大切さを伝える活動に奇跡的につながる。

他に類をみない独自の胎内記憶へ誘導するワークショップを考案し、国内外で多くの感動を得ていった。

胎内記憶の第一人者産婦人科医池川明先生のおすすめをいただいて、日本催眠学会で胎内記憶を持つワンダーベビーを対象にした事例を発表し、学術論文を執筆、学会誌に掲載された。

アメリカの出生前周産期心理学の権威トマス・バーニー博士設立APPPAH（出生前周産期心理学協会）の国際会議でワンダーベビーについて発表。その後、論文を執筆しジャーナルに掲載された。

世界ではじめて胎内記憶を活用した事例の論文を日本とアメリカで発表した。

そして「胎内記憶療法 ワンダーベビーセラピー」を開発。さらにワンダーベビーの概念を人生全般に有効活用する「ワンダーベビーメソッド」を考案した。

ワンダーベビーアカデミー代表
ラミューズヒプノセラピーサロン＆スクール代表
日本ラ・ミューズ協会代表
https://lamuse-k.com/
https://lamuse-k.com/school/

アメリカの国際会議でも発表された

世界初 “いのちの始まり”である
胎内記憶を人生に活用する

ワンダーベビーアカデミー開講

ワンダーベビーとは
私たちのいのちの始まりから
一人ひとりの内側に存在する
人生の目的・設計図を携えた
素晴らしい存在です。

そして、ワンダーベビーアカデミーは、
ワンダーベビーメソッドを学ぶことができる
世界で唯一の場所です。

ご自身の人生やあなたの大切な方々の人生に
いのちのはじまりである胎内記憶を
人生に活かす方法をお伝えしています。

ぜひ一緒に楽園地球を
創造していきましょう。

ワンダーベビー・セラピスト養成講座とは?

あなたが
大切な方々の内側に存在する
ワンダーベビーとつながると共に

クライアント自身が
ワンダーベビーと深くつながるサポートを通じて
人生を幸せに導いていく
「ワンダーベビーセラピスト」になるための講座です。

卒業後は、お一人ひとりをサポートする
ワンダーベビーアカデミー認定セラピストとして
活動することができます。

ワンダーベビー・ファシリテーター養成講座とは?

ファシリテーター養成講座は複数人を対象に、
胎内記憶の魅力や胎内記憶の活用事例を通じて
人生が好転していく素晴らしさを
広くたくさんの方に伝えるために
ワンダーベビーの体験会やお話会を
開催できるようになる講座です。

Publishing Agent　山本時嗣　高橋好美（株式会社ダーナ）

胎内記憶を思い出す

ワンダーベビー

2025年3月15日　第1版第1刷発行

著　　者　伊藤久美子

編　　集　澤田美希
校　　正　野崎清春
デザイン　堀江侑司

発行者　大森浩司
発行所　株式会社ヴォイス　出版事業部
〒106-0031
東京都港区西麻布3-24-17 広瀬ビル
☎ 03-5474-5777（代表）
📠 03-5411-1939
www.voice-inc.co.jp

印刷・製本　映文社印刷株式会社

ISBN 978-4-89976-585-1 C0011